U0946234

简单

化繁为简的力量

姚先桥◎著

中国财富出版社

图书在版编目（CIP）数据

简单：化繁为简的力量／姚先桥著．—北京：中国财富出版社，2015.8

（企业成长力书架）

ISBN 978－7－5047－5715－9

Ⅰ.①简…　Ⅱ.①姚…　Ⅲ.①企业管理　Ⅳ.①F270

中国版本图书馆CIP数据核字（2015）第109294号

策划编辑　吴伊文　　**责任编辑**　戴海林　吴伊文

责任印制　方朋远　　**责任校对**　梁　凡　　**责任发行**　邢有涛

出版发行　中国财富出版社

社　　址　北京市丰台区南四环西路188号5区20楼　　**邮政编码**　100070

电　　话　010－52227568（发行部）　　010－52227588转307（总编室）

010－68589540（读者服务部）　　010－52227588转305（质检部）

网　　址　http://www.cfpress.com.cn

经　　销　新华书店

印　　刷　北京京都六环印刷厂

书　　号　ISBN 978－7－5047－5715－9/F·2396

开　　本　710mm×1000mm　1/16　　**版　　次**　2015年8月第1版

印　　张　13.75　　**印　　次**　2015年8月第1次印刷

字　　数　167千字　　**定　　价**　36.00元

QIYE CHENGZHANGLI SHUJIA

企业成长力书架

编委会

推荐序
赢在简单

展现在读者面前的是一部探索“化繁为简”之道的著作。

我们在工作中常常指导下属或他人，要将复杂工作简单化，而不要将简单工作复杂化。至于如何将复杂工作简单化，这其中有什么理念、思维和方法等似乎很少去深究，进行系统的研究则少之又少。阅读《简单》能使我们领悟到这样一个重要理念，即将复杂工作简单化是提高工作效率和业绩的重要途径。

然而将复杂工作简单化却并不简单。谈到简单，我想起了一则寓言故事。

> 橄榄树嘲笑无花果树说：“你的叶子到冬季时就落光了，光秃秃的树枝真难看，哪像我终年翠绿，美丽无比。”不久，一场大雪降临了，橄榄树身上都是翠绿的叶子，雪堆积在上面，最后由于重量太大而把树枝压断了，橄榄树的美丽也遭到了破坏。而无花果树，由于全身简单，只有少量的雪花附着在树枝上，大雪中的无花果树仍昂首迎风，更显出一种轻灵的美丽。

在工作中，复杂是一种累赘，而简单则是一种美丽。

本书作者姚先桥是一个十分崇尚简单的职场人士。30 多年来，他在人才学、科学学、人力资源管理研究、经理人培训和创业指导等领域辛勤耕耘，成就卓越。他既是一位研究学者，又是资深培训师，还是武汉十佳创业导师。他出色的工作业绩在很大程度上得益于他在工作中善于将复杂工作简单化，如他十分善于聚焦时间和精力等资源，提高工作效率和业绩。该书作为探索简单工作智慧的一项成果，实际上是作者本人对工作经验、智慧的概括和总结。

本书在探索化繁为简之道方面有很多独到的见解。如作者总结的简单工作法则：①目标法则：厘清工作目标；②聚焦法则：专注工作本身；③根本法则：找到工作关键；④效率法则：排定优先级别；⑤简化法则：工作条理有序；⑥绩效法则：找准问题症结；⑦时间法则：聚焦工作需求。上述归纳不仅精辟、精练、简洁，而且容易理解、记忆和使用。如果读者能领悟和践行简单工作法则，将极有利于提高工作效率和业绩。

本书的另一个特点是，作者并不是以居高临下教诲者的身份坐而论道，而是像朋友一样，向你娓娓道来一个个“简单”的工作故事或案例，使深奥的简单工作之道变得通俗化、简明化和简洁化。读者可以从诸多的故事或案例中领悟化繁为简的奥妙。

人在职场，无时无刻不在与工作打交道，既包括简单的工作，也包括复杂的工作，无论与什么样的工作打交道，都要追求工作效率和业绩的提高。而要达成这一目标，就需要学习和掌握将工作化繁为简的理念、思维和方法。因此，《简单》是每一个职场人士都需要阅读的一部好书。

我相信四个字：赢在简单。

是为序。

原中国人事与人才科学研究院院长

王通讯

2015 年 3 月于北京

自序

把复杂工作简单化是一大智慧

现代职场人面对的是一个复杂的工作环境，如信息繁多、工作繁杂、时间太少、问题太多、节奏太快、竞争太激烈等。我们追求简单的工作仿佛就是一种奢望和梦想。但是，无论工作有多么复杂，问题有多么繁多，我们仍然要追求简单工作，这是因为，把复杂工作简单化是一大智慧。一个人简单一点，要包括思想、目标、心态、思维和欲望等诸多方面，但这些方面的简单对于追求和实现个人职业发展来说又不是一件好事。

有两个人结伴穿越沙漠走至半途，水喝完了，其中一人因中暑而不能行动。同伴把一支枪递给中暑者，再三吩咐："枪里有五颗子弹，我走后，每隔两小时就对空中鸣放一枪，枪声会指引我前来与你会合。"说完，同伴满怀信心地找水去了。躺在沙漠中的中暑者满腹狐疑：同伴能找到水吗？能听到枪声吗？会不会丢下自己这个"包袱"独自离去？夜幕降临的时候，枪里只剩下一颗子弹，而同伴还没有回来。中暑者确信同伴早已离去，自己只能等待死亡。想象中，沙漠里的鹰飞来，狠狠地啄瞎他的眼睛，啄食他的身体……终于，中暑者彻底崩溃了，把最后一颗子弹送进了自己的太阳穴。枪声响过不久，同伴提着满壶清水赶来，找到的却只有中暑者的尸体。这位中暑者选择结束自己的生命，不是因为中暑，而是源于他的思想、思维和心态太复杂，对同伴找水的行为满腹狐疑，彻底丧失了信心。

这个故事启示我们，很多时候，打败自己的不是外部环境，而是自己本身。而自己主要是把事情，尤其是把困难和问题想象得太复杂了，使自己产生了一种强烈的忧虑感和恐惧感，并通过大脑无限放大，于是就形成了一种马太效应，即困难和问题在想象中越来越大，由此束缚了自己的思想、思维和手脚，工作、学习和生活变得暗淡无光。从这个角度讲，思想、思维和心态简单者，往往胜于思想、思维和心态复杂者。工作原本是简单的，但我们常常视它为复杂，于是乎，总有处理不完的信息、解决不完的问题、安排不完的工作等。我们视工作复杂的背后，是由于我们自己复杂，如思想、思维和心态复杂。

美国学者杰克·特劳特在《简单的力量：穿越复杂正确做事的管理指南》提到："你看到的是事物的本来面貌。你遵循严谨的逻辑，决定中不掺杂感情和个人喜好。没有比这更简单的了。"我是一位追求简单工作的职场人士，对于工作每年都有一个核心目标；每月都有一个重要工作计划；每天对一天工作内容经评估、分析和权衡后作出轻重缓急的排序等。追求简单工作，不仅使我将时间、精力集中于做重要的工作，更提高了工作效率和业绩，使我在培训授课、学术研究和创业辅导三个工作领域不断拓展。经过多年的探索、总结，归纳出简单工作的理念和方法。这本书就是我追求简单工作的经验和智慧的总结。

在信息繁多、工作繁杂、问题太多、节奏太快和竞争激烈的社会大环境中，遵循变复杂为简单的工作理念、思维和方法，让工作变得轻松，富有效率和业绩，应当是每个现代职场人士必修的一门功课。认真阅读本书，将有助于大家修好这门功课。一旦你有了化繁为简的智慧，你自然就会进入一个自己都意想不到的思维和行动的广阔天地，工作效率和业绩想不提高都难。

需要指出的是，化繁为简是工作方法而不是目的。将工作化繁为简的目的是为了提高工作效率和业绩，不能为了简化工作而简化工作，如果有谁在工作化繁为简上花费了过多的时间和精力，就会使工作变得更复杂。因此，掌握、应用化繁为简的智慧，要正本清源。将复杂工作简单化，并不等于可以“省略”工作，甚至在工作中“偷工减料”，不能因为简化工作而省去了必要的工作内容和环节。因此，化繁为简要在确保完成工作目标、提高工作质量的前提下进行。同时，删繁就简不是引导大家在工作中投机取巧，因为投机取巧是不能提高工作效率和业绩的。总之，将复杂工作简单化，能够让我们更好地认识事物的本质，掌握事物运动、发展的客观规律，减少工作时间、精力等成本，提高工作效率和业绩。把复杂工作简单化是一大智慧，我们每个职场人士都应该努力领悟和践行这个大智慧。

作　者

2015 年 3 月

目录
CONTENTS

绪论　简单就好 ………………………………………… 001

一切皆可简单 ………………………………………… 003

简单百宝箱 ………………………………………… 005

简单的力量 ………………………………………… 007

简单与复杂谁更胜一筹 ………………………………… 010

简单的“前世今生” ………………………………… 012

第一章　时代需要简单 ………………………………… 017

参与竞争需要简单 ………………………………… 019

实现目标需要简单 ………………………………… 021

提高效率需要简单 ………………………………… 023

解决问题需要简单 ………………………………… 025

提高业绩需要简单 ………………………………… 028

信息沟通需要简单 …………………………………… 030
人际关系需要简单 …………………………………… 032

第二章　缺少简单思维的职场复杂一族 ………………… 037
A 型员工：选择复杂——难以定位职业 ………………… 039
B 型员工：目标复杂——精力无法聚焦 ………………… 042
C 型员工：思想复杂——内心压力山大 ………………… 044
D 型员工：沟通复杂——难以把握精髓 ………………… 047
E 型员工：思维复杂——不能厘清头绪 ………………… 050
F 型员工：人际复杂——滋生人际矛盾 ………………… 053
G 型员工：工作复杂——工作效率低下 ………………… 056

第三章　遵循简单工作法则，工作其实没那么累 ……… 059
目标法则：厘清工作目标 ……………………………… 061
聚焦法则：专注工作本身 ……………………………… 064
根本法则：找到工作关键 ……………………………… 066
效率法则：排定优先级别 ……………………………… 069
简化法则：工作条理有序 ……………………………… 072
绩效法则：找准问题症结 ……………………………… 074
时间法则：聚焦工作需求 ……………………………… 077

第四章　将复杂问题简单化，工作问题会迎刃而解 …… 081
目标问题——简单的目标可实现 ……………………… 083
计划问题——简单的计划易实施 ……………………… 085

思路问题——简单的思路好贯彻 ………………………… 088
制度问题——简单的制度有效果 ………………………… 090
机制问题——简单的机制好运行 ………………………… 093
策略问题——简单的策略易推广 ………………………… 096
沟通问题——简单的沟通有效果 ………………………… 099

第五章 越少越好：工作不在多而在于精 ………………… 103
精准：直接瞄准目标 …………………………………… 105
精力：倾注工作本身 …………………………………… 107
精选：找到工作关键 …………………………………… 110
精确：洞察工作要求 …………………………………… 113
精心：善用工作资源 …………………………………… 116
精辟：从切入点着手 …………………………………… 118
精简：简化制度流程 …………………………………… 121
精明：找准问题症结 …………………………………… 124
精髓：善用简单思维 …………………………………… 127
精粹：善列工作清单 …………………………………… 129
精当：掌握沟通精髓 …………………………………… 132
精确：汇报简明扼要 …………………………………… 135
精细：做好5S管理 …………………………………… 138
精湛：工作精益求精 …………………………………… 141

第六章 化繁为简：高效不在细而在于简 ………………… 145
简化目标——“多”往往是累赘 ………………………… 147

简化思维——直接解决问题 …… 149
简化流程——让工作充满效率 …… 151
简化工作——找到关键工作 …… 154
简化事项——别被琐事埋没 …… 157
简化语言——让沟通更有效 …… 160
简化问题——凸显重要问题 …… 163

第七章　成为简单工作的职场达人 …… 167
认知简单工作观念 …… 169
总结简单工作法则 …… 171
客观全面认识事物 …… 174
抓住事物本质要素 …… 177
认识事物客观规律 …… 180
使用简单工作方法 …… 182
培养简单工作习惯 …… 185

参考文献 …… 189

后记　简单工作并不简单 …… 190

绪 论

简单就好

一切皆可简单

在当今各行各业，简单的事物仿佛越来越多，频率越来越快的来到我们身边，如操作简单的傻瓜照相机，使用简便的自动洗衣机，能随时随地上网、发微信的智能手机，质量管理理论 PDCA 循环①，以及耳熟能详的经典广告语：农夫山泉有点甜，如此等等。简单所隐含的是一种简洁、简约、简便和高效的特质，简单的事物不断受到人们的青睐。其实，一切皆可简单。我们对简单这个概念的认知，可以从阅读有关故事中获得智慧的启迪。

公元前 223 年的冬天，马其顿亚历山大大帝进兵亚细亚。当他到达亚细亚的弗尼吉亚城时，听说城里有个著名的预言：几百年前，弗尼吉亚的戈迪亚斯王在牛车上系了一个复杂的绳结，并宣称谁能解开它，谁就会成为亚细亚王。此后，每年都有很多人来看戈迪亚斯打的绳结。各国的武士和王子都曾尝试解这个结，可总是连绳头都找不到，他们甚至不知道从何入手。亚历山大对这个预言非常感兴趣，命人带他去看这个神秘之结。

亚历山大仔细观察着这结，许久许久，始终连绳头都没找着，亚历山大不得不佩服戈迪亚斯王。这时，他突然想到：为

① PDCA 是英语单词 Plan（计划）、Do（执行）、Check（检查）和 Act（修正）的第一个字母，PDCA 循环就是按照这样的顺序进行质量管理，并且循环不止地进行下去的科学程序。

什么不用自己的方法来解开这个绳结呢？于是，亚历山大拔出剑来，对准绳结狠狠的一剑，把绳结劈成了两半，这个保留了数百载的难解之结，就这样轻易地被“解开”了。亚历山大成功“解开”这个绳结，源于他的思维方式简单，没有那么复杂，简单到用一剑劈开就行了。这个故事中所蕴含的简单工作的理念、思维和方法，值得每个人学习与借鉴。

14 世纪英国学者威廉的一句格言：“如无必要，勿增实体。”虽只有短短的 8 个字，却得到了广泛的传播。因为他是英国奥卡姆人，人们就把这句话称为“奥卡姆剃刀”。奥卡姆剃刀的出发点就是：大自然不做任何多余的事，如果你有两个原理，它们都能解释观测到的事实，那么你应该使用简单的那个，直到发现更多的证据。对于大自然的某种现象最简单的解释往往比复杂的解释更正确。如果你有两个类似的解决方案，那么选择最简单的、需要最少假设的解释最有可能是正确的。一句话：把烦琐、累赘一刀砍掉，让事情保持简单。几个世纪以来，一个又一个伟大的人物磨砺着这把剃刀，使之日渐锋利，终于成为科学思维的出发点之一，如英国物理学家胡克比牛顿更早提出引力观念，但在他那里，引力是无法证明的庞杂的“多”，而牛顿把这一切都剃掉了，只留下了“一个苹果掉在地上”这样一个最简单的事实，并以此作为科学推动的初始点，发现了万有引力规律。

“奥卡姆剃刀”定律要求我们在处理事情时，要把握事情的主要实质，把握主流，解决最根本的问题，尤其要顺其自然，不要把事情人为地复杂化，这样才能把事情处理好。

《现代汉语词典》对“简单”的解释：结构简单；头绪少；容

易理解、使用和处理。简单的近义词：简洁、单纯、简明。对简单的概念的诠释，可谓仁者见仁，智者见智。人类对简单这个概念所表达的思想源远流长，中国古代哲学家老子就有“少则得，多则惑”之说。行动成功国际教育集团董事长李践在《管理越简单越有效》一书中认为：“我们所说的简单，不是单纯无知，不是头脑简单、四肢发达，而是经过复杂之后的高级简单。就像读书一样，要先把书读厚，再把书读薄。”如果将简单的概念同工作嫁接，可以演变为简单工作的概念。

一切皆可简单。简单的工作理念、思维和方法可以广泛渗透于所有的工作领域。工作目标可以简单，简单的工作目标容易实现；工作计划可以简单，简单的工作计划便于实施；工作制度可以简单，简单的工作制度能有效执行；工作沟通可以简单，简单的工作沟通效率显著；工作流程可以简单，简单的工作流程便于实施；产品功能可以简单，简单的产品功能能赢得消费者的青睐；市场营销可以简单，简单的市场营销能提高市场占有率。在工作中学会化繁为简，寻求简单的力量，就能将宝贵的时间和精力投入到最重要的工作中去，从而创造出高的工作效率和业绩。

简单百宝箱

说起对简单的认知，我们大脑里会浮现出诸多有关简单的现象，这些现象在我们的学习、工作和生活中普遍存在，包括简便、简明和简洁。

1. 简便

简便有简单方便之意。在生活中，简便的东西总是赢得人们的喜爱。如生产自动流水线、自动洗衣机、傻瓜照相机、自动取款机、自动挡轿车、公交卡、智能电梯、智能手机、笔记本电脑无线上网等。

2. 简明

简明主要是指在与他人交流和沟通，以及在撰写管理制度（管理文件、法规等）和文稿过程中要简要明白，不要含糊其词。如沟通简要明白、制度简要明白、流程简要明白、法律简要明白、文件简要明白、方案简要明白、报告简要明白、请示简要明白、汇报简要明白、批评简要明白。

3. 简洁

简洁是指说话、行文言简意赅，没有多余的废话或语言。也可以指做事的风格干净、利落。例如：

老子《道德经》5000 字，成为中国传统文化的一个符号。

《三字经》《弟子规》《增广贤文》这些中国传统文化典籍文字简洁，朗朗上口，从问世伊始，一直流传至今。

广告语："农夫山泉有点甜""好空调、格力造"……令我们难以忘记。

产品商标：如用四个环组成的奥迪轿车商标等。

企业标识：如联想公司标识“Lenovo”等。

英文缩写：如工商管理硕士被称为“MBA”等。

企业理念：如海尔公司的“真诚到永远”等。

简单的力量

简单来自化繁为简，它能传递一种力量，如简约的力量、速度的力量、效率的力量、业绩的力量等。在工作中人们讨厌复杂，目标复杂，让人不着边际；思维复杂，让人想入非非；沟通复杂，让人不得要领；制度复杂，让人无所适从，等等。

美国学者杰克·特劳特在《简单的力量：穿越复杂正确做事的管理指南》提到：“简单的概念是一个显而易见的概念，因为它往往趋近于真理。”如何认知简单的力量，有一则李瑞环的故事值得交流。正是因为复杂有这么多的负面作用，人们在工作中无不渴求和呼唤复杂工作简单化，复杂问题简单化。

在我国传统的木工技法中，有一个重要的环节叫作“放大样”，即在制作复杂物件时，先将图纸上的小样等比例放大，复制到一张几平方米甚至更大的木板上，再依葫芦画瓢干活。因为费时、占地，李瑞环请教了不少人，希望能在工作中规避“放大样”这个环节。一位工程师告诉他，如果掌握三角、几何、代数这些数学知识，就有可能推算出来。于是，从1958年起，李瑞环利用业余时间，到北京建工业余学院工业与民用建筑专业学习相关知识。

那年夏天，人民大会堂工程指挥部交给北京第三建筑公司“木工突击队”一个重活儿、急活儿，要求务必在8天内制作一段200米长的屋顶外檐模板。当时，李瑞环是突击队长，他知道没时间找大片空地“放大样”了，硬是研究出一套木工简易计算法，一举解决了这个难题，顺利完成任务。木工行内向来有“放样技术高深莫测不可攀，不放大样除非鲁班”的俗语，从此，大家管李瑞环叫“青年鲁班”。

李瑞环解决木工“放大样”的复杂问题，源于他研究出一套简易计算法，在短时间内，使木工放大样的复杂问题简单解决，出色完成了人民大会堂工程指挥部下达的务必在8天内制作一段200米长的屋顶外檐模板的任务，充分显示出简单的力量。能在短时间，高效率完成重要工作，这正是简单力量的具体表现。将复杂工作简单化，复杂问题简单化，日益成为人们的工作方式。

1. 简单，让我们专注于最重要的工作提高工作效率和业绩

现代职场人做工作太随意，注意力分散，分不清轻重缓急，这种不良工作现象，根源于人们的工作理念、思维和心态等处于复杂的状态，工作目标不明确，导致工作执行力不坚定；择业的选择太多，导致在求职路上“歧路亡羊”，人在职场上，如果目标复杂了，选择复杂了，那么就很难沉下心来，专注于最重要的工作，其结果必然是见异思迁，朝三暮四成为一种常态。寻求简单的力量，让自

己的工作理念、思维和心态处于一种简单的状态，将个人时间、精力专注于最重要的工作领域，那么提高工作效率和业绩将变得顺理成章、水到渠成。

2. 简单，让我们节省因复杂而浪费的时间和精力

遵循应用简单的工作理念、思维和方法，会帮助我们在工作中走“直线”或捷径，能节省做复杂工作浪费的工作时间和精力。李瑞环将木工复杂的“放大样”工作简单化、简易化，带来时间和精力上的节省就是一个典型的例证。在工作中学会删繁就简，将复杂工作简单化、简单完成，复杂问题简单化、简单解决，这是提高单位工作时间、精力的效率和业绩的一个基本规律。每个人的工作时间和精力总是有限的，如果将简单工作复杂做，简单问题复杂解决，则会浪费我们宝贵的工作时间和精力。

3. 简单，让我们的工作程序化，高效开展工作

遵循和应用简单工作理念、思维和方法，并不是要求我们不做工作，少做工作，甚至应付工作，而是要求我们高效开展工作。工作程序化是指在分清工作轻重缓急的基础上，集中有限的时间和精力，在所有工作中，选择做最重要的，这对于提高工作效率和业绩具有关键性的作用。有的职场人士的工作效率低、业绩差，一个重要原因在于工作没有程序化，每天都处于忙碌、茫然、盲目的复杂的工作状态，耗费了宝贵的时间和精力，这无疑是很可惜和遗憾的事情。

简单与复杂谁更胜一筹

在工作中，我们会有两种工作理念、思维和方法的选择，一个是简单的工作理念、思维和方法，另一个是复杂的工作理念、思维和方法。那么，简单与复杂，谁更胜一筹？两者相比较而言，简单比复杂更胜一筹。具体来说，简单提高效率，复杂扼杀效率；简单创造经济效益，复杂降低经济效益。

简单提高效率。企业管理流程的简化与优化，是提高管理效率的一个法宝。

美国俄亥俄州代顿市代顿电力和照明公司重新和工会协商，把公司规章制度从原来的200页缩减为14页，而且第一页的内容是公司的价值观念，从这以后，管理层和员工可以积极合作，共同解决问题。

美国通用电气公司在提高员工工作效率和业绩方面，有自己的管理创新。美国通用电气公司前CEO（首席执行官）杰克·韦尔奇的办法是要求将各项工作勾画出“流程图”，从而清楚地显示每一个细微步骤的次序与关系。当流程图完成后，会对全局一目了然，也可以厘清哪些环节是可以删除、合并与扩展的，使作业的速度与效率大大提高。

复杂扼杀效率。有研究显示，处理一个文件只需要七分钟，但花费在中间环节的时间却多达四天。有时一件事需要各部门对其审批，导致具体执行人员失去耐心而影响了执行的最终效果。国外有一家信用公司曾经要花费七天时间，通过一系列部门和程序为客户提供一项简单的融资服务，即现场销售人员—总部办公室人员—信用部—经营部—核价员—办事组—快递到销售人员。在等待的七天中，销售代表和顾客谁也不知道流程传递到哪个“码头”，即便电话咨询也不得其解。这正是因为在整个流程中没有清晰的决策点或决策人，只能依赖部门之间的制度来保证信用下审核，致使各个部门远离有效信息而“例行公事”，审核效率低下，严重拖延了服务时间。

简单创造经济效益，产品种类简单，少而精，产品销售额反而高出种类繁多的产品销售额。美国宝洁公司有 31 种海飞丝洗发水和 52 种佳洁士。宝洁总裁达克·贾格尔在《商业周刊》上说：“多年来我们给消费者制造了这么多困难，这真让人难以置信。”文章说：他和 CEO 约翰·佩珀意识到几十年不断推出改进的这种新产品，柠檬香型号的那种产品或者超大尺的其他产品后，宝洁制定的销售产品种类太多了。问题的解决办法很简单，宝洁公司把产品配方标准化，减少复杂的交易和优惠券，结束了 27 种促销，包括附加赠送和其他稀奇古怪的促销方式，同时还剔除了边缘品牌，减少了产品线，控制了新产品的推出。产品少了，销售额反而增加了。仅在护发品领域，宝洁公司就通过削减一半的产品，增加了 5% 的市场份额。

复杂降低经济效益。很多年前，有人让施乐相信未来办公室中的每样东西——电话、电脑与复印机将成为一个集成系统（糟糕的预测）。在这个领域生存，你必须提供所有东西。因此施乐必须收购或者制造电脑和其他非复印设备，以便为这个持续发展的自动化世界提供产品。施乐被告知它可以这么做，因为人们把它看成一个成熟的高科技公司，其实这是一个错误的假设，人们只把施乐看成一个复印机公司。20年后，施乐已投入了几十亿美元，但它发现未来的办公室并没有出现，而任何不能复印的施乐机器都陷入了困境。

从上述案例中不难看出，简单与复杂，简单更胜一筹。麦当劳公司创始人雷蒙·克罗克曾说："在公司管理方面，我相信'少就是多'的道理，你抓得少些，反而收获更多。"在工作中，既有复杂、繁多的工作，也有简单、单纯的工作，简单、单纯的工作，比复杂、繁多的工作更能创造高的工作效率和业绩。因此，如何将复杂工作简单化，简单完成；复杂问题简单化，简单解决，成为职场人士需要高度重视的问题。

将复杂工作简单化，简单完成；复杂问题简单化，简单解决，日益成为职场人士应具备的意识和能力，没有这种意识和能力，就会在职场沦为平庸者，而具备这种意识和能力，则会成为职场达人。

简单的"前世今生"

中国古代哲学家早在2500年前就有"大道至简"之说。意思是说，最深刻的道理是最简单、简明的。明代冯梦龙所著《智囊》，是一部研究智慧的经典。书中将《通简》放在第一部的《上智》之中。《通简》卷的序言是这样写的："世本无事，庸人自扰。唯则通简，冰消日皎。"将这段文字翻译成现代文大意是：世上许多事情，其实都是庸人们自己制造出来的。只要通情达理，以一种不把事情搞复杂的方式去处理，问题就会像太阳一出冰雪融化一样解决了。

对于简单的研究，近几年呈现出热门的趋势，有的学者还将简单纳入一门学科进行研究。如美国当代成功学大师马克·乔伊纳在2010年2月出版的《简单学》一书中认为："简单学是关于如何认识世界以及如何行事才能实现心中期待的一套系统理论。它的目的在于以最小的付出，在最短的时间内实现你的梦想。"他认为，"将注意力集中在那些有助你实现期望的最简单最有效的行为上，你便能够以最小的付出最快地实现梦想，这就是简单学。"如何让人们更简单的工作，他在《简单学》一书中归纳了"吸引目标法则""集中注意力法则""集中精力法则"等，这些简单工作法具有重要指导和借鉴作用。担任美国沟通管理顾问公司詹森集团总裁兼执行长的比尔·詹森，1992年开始，持续一项名为"追求简单"的研究调查，长期观察企业员工的工作模式，探讨造成工作过量、效率低的原因。最初的调查对象包括来自460个企业的2500名人士，持续至今已经扩大到1000家企业，人数达到35万人，其中包括美国银行、花旗银行、迪士尼等知名大型企业。2001年，詹森出版了第一本书《简单的力量》，该书一经上市立即登上了《纽约时报》的畅销书排行榜，引起了热烈的反响。随后，他再度推出最新著作《简单工作，成就无限》，更是得到了《出版人周刊》的推荐。此次詹森将"简单"的概念运用到日常的工作事务上，根据多年的研究调查结果，他发现现代人工作变得复杂而没有效率的最重要原因就是"缺乏焦点"，因为不清楚目标，总是浪费时间重复做同样的事情或是不必要的事情，遗漏了关键的信息，却浪费太多的时间在不重要的信息上，抓不住重点，必须反复沟通同样的一件事情，詹森认为：“少做些，不是要你把事情推给别人或逃避责任，而是当你焦点集中，很清楚自己该做哪些事情时，自然就能花更少的力量，得到更好的效果。”上述是詹森关于简单与效率的研究成果，值得我们学习和领悟。20世纪伟大的科学家爱因斯坦一直把追求形式的简单性，作为科学研究最重要的条件之一。他说：“科学家必须在庞杂的经验事实中，抓住某些可以用精密公式表示的普遍特性，由此探索自然界的普遍真理。”这一形式可能是一个概念，也可能是一公式，也可能是图表和符号。天才人物总是善于借助这些简洁但充满生命力的表述方式，将问题很好地表现出来。爱因斯坦有一个著名的质能公式：$E = mc^2$。简单得不能再简单。根据这个简单公式，人类开发出了核能，当然也包括制造出原子弹。

近几年来，如何提高工作效率和业绩，已经成为许多管理学者和企业管理者研究的一个重要领域。对简单的研究也呈现出方兴未艾的趋势，其主要研究领域包括简单管理、提高工作效率，并有许多著作出版。如美国全球管理咨询公司戴维·艾伦有限公司总裁戴维·艾伦著《搞定Ⅱ——提升工作与生活效率的52项原则》。戴维·艾伦在这本书中有不少精彩的论述，如“为了把握事物的本质更好地与人合作，你也必须集中自己的精力。”“有意识地权衡比较自己的全部工作和项目之后，你才能看清孰轻孰重。”“目标没能实现的唯一原因，就在于我关注了其他事情，而不是集中精力实现自己的目标。”知名企业家李践致力于简单管理研究，在其所著的《管理越简单越有效》一书中认为：“对于企业来说，简单降低了时间成本和人力成本，给企业带来了赢利。简单抓住了本质，使责任、管理与控制都一目了然，使企业专注于最具竞争优势的项目与产品创造高度。”“简单是一项法则，它符合事物发展的客观规律，唯有遵照执行这项法则，才能生存得更好。简单是一种智慧，一种境界。而要达到这种境界，需要观念上的彻底调整，需要对工具、方法、技巧的灵活运用。”

美国学者杰克·特劳特在《简单的力量：穿越复杂正确做事的管理指南》一书中认为：“我们在工业时代学到的所有东西都趋向于制造越来越多的复杂。我想越来越多的人已经明白，必须简单化，而不是复杂化。简单才是终极智慧。”“要有勇气，当你追求简单时，你和世界领先的思考者站在一起。”

美国学者贾森·里德在《重来——更为简单有效的商业智慧》一书中认为：“很多人沉迷于用复杂的方法去解决问题”。更好的做法是，找一个四两拨千斤的解决方案，以最小的投入获得最大的产出。

实践型管理专家唐晓龙在《简单法则》一书中认为：“在有限的生命里，我们应学会在简单中成就自己，做事不‘转圈子’，办事不‘绕弯子’，避免在复杂中浪费生命。复杂只会加大时间成本和信誉成本，同时也给自己在前进的道路上设置了障碍。简单助我成功，复杂阻我成功。简单的人，人助天亦助；复杂的人，人防天亦防。简单是智慧人生的法则，就是不浪费时间，不糟践生命，让生命的每一秒钟精彩。”唐晓龙上述对简单法则的论述，对于我们认识简单工作的价值具有智慧的启迪作用。

摒弃复杂，尊崇简单的工作理念、思维和方法也受到国外知名企业的高度重视。美国通用电气公司前 CEO 杰克·韦尔奇是一位简单管理的倡导者和实践者，他说："缺乏安全感的经理制造复杂。受惊吓紧张的经理使用厚厚的令人费解的计划书和热门的幻灯片，里面填满了他出生以来知道的所有东西。真正的领导者不需要混乱。人们必须自信，保持清晰、简洁，以确保他们的组织中的每个人——从最高层到最低层——理解业务目标。但是这不容易，你无法相信人们变得简单是多么困难，他们是多么害怕变得简单，他们担心如果他们变得简单，人们会认为他们头脑简单。当然，实际上刚好相反，思路清晰、注重实际的人是最简单的。"

最近几年来，对简单的研究呈现出方兴未艾的趋势。将化繁为简的理念、思维和方法与管理嫁接，催生了多部管理学方面著作的问世，如美国贾森·里德著《重来——更为简单有效的商业智慧》（中信出版社，2010 年 11 月出版），汪建民编著《管理越简单越好——史上最强的 28 个管理法则》（北京工业大学出版社，2013 年 7 月出版），许孙鑫编著《管理越简单越有效》（北京工业大学出版社，2013 年 4 月出版），美国杰克·特劳特著《简单的力量：穿越复杂正确做事的管理指南》（机械工业出版社，2013 年 9 月出版）等。这些著作的出版，极大地丰富了对简单工作以及简单管理的研究。

可以预见，伴随我国市场经济向纵深发展，以及社会科技、经济的发展，必然会引起传统工作观念、思维和方法的变革。删繁就简，将简单工作代替复杂工作，这将是一个大趋势。如果每一个职场人士都能顺应这个大的发展趋势，那么，工作效率和业绩必能提高，必将迈向一个新的台阶。

第一章
时代需要简单

参与竞争需要简单

在市场经济条件下，企业不可避免地要参与市场经济的竞争。企业要想在市场经济竞争中抢占先机，必须要提高企业管理素质，而要提高企业管理素质，关键在于能否赢得时间和效率。企业管理实践表明，化繁为简，将复杂管理简单化，是提高管理素质的一个法宝。

简单管理是指在企业经营管理过程中，准确找到并掌握事物的客观规律，去伪存真、由此及彼、由表及里，将诸多复杂管理工作简单化，有利于高效达成管理效率和业绩目标。

白沙集团总经理卢平认为："国有企业的管理要从繁复走向简单，去追求简单的生活，简单的美，然后快捷地对外界做出反应。这个繁复，还不完全是指机构臃肿，关键是指人思想上的一种麻木和智障。"白沙高层人士认为："实事求是，深入实际，直截了当，立足于实际，注重对事物本质核心的把握，一切以效率和效果为出发点，摒弃虚伪、浮华和繁复的形式，在形式上追求简单，但内容丰富，这就是白沙集团简单管理的实质。白沙集团推进简单管理，取得令人叹为观止的管理效率和业绩。例如，生产管理信息系统的使用和生产使财务报表精简50%；一张生产换牌流程图取代了以前文件式的生产换牌作业指导书；文件精简57%，简明扼要文件、制度实施电子化管理，85%的文件可直接上网查阅，半数会议被精简，会议室变为培训室，文件柜从办公室搬走。

白沙集团通过以推进简单管理为切入点，促进企业从管理理念、核心价值观到管理技术都发生深刻变革，追求简约高效的组织效能。白沙集团所推行的简单管理，使其从众多竞争对手中脱颖而出。卢平上任仅两年后，成功使白沙香烟品牌的销量牢牢占据国内第二位，企业综合实力与“玉溪”“上海”“昆明”并到国内四大烟厂。白沙集团在市场竞争中取得骄人的业绩，同他们推行简单管理的理念、制度和机制是分不开的，简单管理为提高企业经营管理效率和业绩注入了新的活力。

1. 简单能为企业参与市场竞争赢得时间

企业的竞争离不开时间这个因素，企业生产同样的产品，如果有一家企业产品生产周期是一个月，而另一个企业产品生产周期是半年，那么，产品生产周期半年的企业就会遭遇竞争淘汰出局的危险。因此，提高企业时间管理效率，就能为企业参与市场竞争赢得时间。提高时间管理水平的一个重要途径，就是要推行简单管理，即通过删繁就简，删除不必要的复杂、繁多、烦琐的管理理念、制度和流程，以及精简不必要的文件和会议等。

2. 简单能为企业参与市场竞争赢得效率

任何一个企业要参与市场竞争，关键在于能否提高企业经营管理效率。提高效率是企业经营管理的生命，提高企业经营管理效率的关键在于能否在企业经营管理中化繁为简，即将复杂的经营管理理念、制度和流程简单化，这是因为简单能为企业参与竞争赢得效率，解决问题抓关键因素，将复杂问题简单化，就能提高解决问题的效率；工作流程抓关键环节，将复杂工作流程简单化，就能提高工作效率。

实现目标需要简单

企业发展需要设定目标，实现目标的途径和方法有复杂和简单之分。复杂的途径和方法往往会阻碍目标的实现，而简单的途径和方法常常有助于目标的实现。这是因为，复杂的途径和方法使人难以掌握和实施，而简单的途径和方法易于掌握和实施。因此，企业要实现目标，需要选择简单的途径和方法。找到实现目标最简单的思路、策略、途径和方法，则有利于企业实现预期目标。

美国有一个生产牙膏的公司，其产品优良，包装精美，深受广大消费者的喜爱，每年营业额蒸蒸日上。记录显示，前10年每年的营业增长率为10%～20%，令董事长雀跃万分。不过，业绩进入第11年，第12年及第13年时，则停滞不前。董事长对此三年业绩表现感到不满，便召开全国经理级高层会议，以商讨对策。

会议中，有个年轻经理站起来，对董事长说：“我手中有张纸，纸里有个建议，若您要使用我的建议，必须另外付我5万美元。”

总裁听了生气地说：“我每年都支付你薪水，另有分红、奖励，现在叫你来开会，你还要求另外加5万美元，是否过分?”

“总裁先生，请别误会，若我的建议行不通，你可以将它丢弃，一毫钱也不必付。”年轻的经理解释说。

总裁接过那张纸后，阅毕，马上签了一张5万美元的支票给那年轻经理。那张纸上只写了一句话：将现有的牙膏开口扩大一毫米。总裁马上下令更换新的包装。试想，每天早上，每个消费者都用口子大一毫米的牙膏，每天牙膏的消费量将多出多少倍呢？这个决定，使该公司第14年的营业额增加了32%。

这个故事所蕴含的简单智慧令人深思和回味，只要将现有的牙膏的开口扩大一毫米，这样一个简单的思路、策略、途径和方法，企业不费吹灰之力，就能实现持续提高牙膏销售业绩的目标。没有比这个简单的途径和方法更能够实现提高企业牙膏销售业绩的目标。实现目标需要简单，如简单的思路、简单的策略、简单的途径和简单的方法。如果思路、策略、途径和方法复杂了，反而会成为实现目标的累赘。

1. 简单能为实现目标提高效率

在实现工作目标的过程中，善于找到达成工作目标的关键环节，着力做好达成工作目标关键环节的工作，就能有效提高工作效率，并实现工作目标。实现工作目标的思路、策略、途径和方法最忌复杂，思路复杂，会使人迷惑；策略复杂，会使人惶恐；途径复杂，会使人陷入歧路亡羊的窘境；方法复杂，会使人步入无所适从的困境。这就是实现工作目标为什么需要简单的道理之所在。

2. 简单能为实现目标节省资源

实现工作目标有一个投入产出比的最优选择问题，实现同一个工作目标，如果一个思路和策略比另外一个思路和策略，更能创造投入低、产出高的效果，那么前一个思路和策略就是最优选择，要解决实现工作目标投入产出比的最优选择问题，就需要在如何实现工作目标更为简单上做文章，因为只有制度简单、流程简单、操作简单，才能节省更多的人力、物力和财力等资源，进而创造更高的工作效率和业绩。

提高效率需要简单

在市场竞争环境下，如何提高企业经营管理和员工的工作效率和业绩，关乎企业的兴衰。企业经营管理和员工工作效率及业绩高，则企业在市场竞争中就会走向兴盛，反之，企业在市场竞争中将步入衰落。怎样提高企业经营管理和员工工作效率，就有一个对工作的删繁就简的问题，如将复杂管理简单化、将复杂工作简单化、将复杂问题简单化等，这是提高企业经营管理和员工工作效率的必然选择。提高工作效率往往从简单开始，将工作化繁为简，能提高工作效率；将管理化繁为简，能提高管理效率，而复杂的管理则会扼杀企业管理的效率。

由于复杂化管理，致使美国福特汽车公司组织机构臃肿，官僚作风严重，工作效率大为降低，危机正在悄悄逼近。20世纪90年代初，美国福特汽车公司在北美的应收账款部门就有500多名员工，主要负责审核并签发供应商供货账单的应付款项。按理说，这么大的一家汽车公司，业务量如此庞大，有500多名员工处理应付款是非常合理的，但日本马自达汽车公司负责应付账款工作的却只有5名职员，只负责对“三证”，三证相符则付款，不符则查，查清再符。原本很简单的一件事，却被弄得如此复杂，并且浪费了这么多的人力资源。这个5∶500的比率，让福特公司经理再也无法泰然处之了。福特公司迫于形势进行流程重组，完全改变应付账款部的工作，重组后应付账款部只有125人，仅为原来的25%，这意味着节简了75%的人力资源。

上述案例说明，复杂化的管理是提高企业经营管理和员工工作效率的大敌，在企业经营管理流程和员工工作程序上化繁为简，就能提高企业经营管理和员工工作效率。有的企业经营管理和员工工作效率不高，在很大程度上是因为企业经营管理流程和员工工作程序太多、太乱、太杂，将简单的企业经营管理和员工工作人为地复杂化，因此，提高企业经营管理和员工工作效率并不困难，困难在于，能否将企业经营管理流程和员工工作程序删繁就简，即将所有降低效率的企业经营管理流程和员工工作程序统统删除。

1. 简单能为提高效率提供空间

无论是提高企业经营管理效率，还是提高员工工作效率，都不是恒定的，而是有上升空间的。提高效率的空间，往往是由企业管理者和员工能否具有化繁为简的素质决定的。譬如，在企业管理领域，能将复杂管理简单化，就能提高企业管理效率，效率上升的空间就大；反之，将简单管理复杂化，就会降低企业管理效率，效率上升的空间就小。在企业管理中，机构重叠、政出多门、职责不清，这种管理方式会将本来简单的管理弄得很复杂，而遵循精简机构、统一指挥、职责分明的简单管理理念和方法，就能为提高企业管理效率提供空间。

2. 简单能为提高效率降低成本

要提高企业管理和员工工作效率，关键在能降低成本，如管理成本、人力成本、资金成本等。如何降低成本，这是企业提高效率必须思考和解决的关键问题。要想降低成本，推行简单管理是一个有益的选择。如案例中美国福特汽车公司在北美的应收账款部门就有 500 多名员工，经过管理流程重组后，减少至 125 人，大大降低了企业管理成本、人力成本、资金成本。有的企业管理机构重叠，人浮于事，管理流程复杂，运行缓慢，效率低下，不知要耗费多少管理成本、人力成本、资金成本。因此，将企业经营管理流程和员工工作程序删繁就简，是提高企业经营管理和员工工作效率和业绩的根本途径。

解决问题需要简单

每个企业发展都会存在问题，每个员工成长也会遇到问题，有了问题就必须解决。解决问题贵在删繁就简，即将复杂问题简单化，直接找到问题的症结和根本原因，抓住问题的关键，使问题得到有效解决，这就是解决问题的简单之道。

位于美国西雅图的微软公司研发中心，拥有40多名全球顶级互联网精英，这些精英每年为微软创造了大量的财富，相应地，公司为他们提供了十分优厚的福利待遇。公司只有一条规定，按时上下班，可是这些员工自由散漫惯了，上班老是迟到，部门经理为此伤透了脑筋。

有一天，比尔·盖茨散步时，无意中看到公司的停车场中50个车位停了40多辆车，而旁边，某些小公司的员工因为停车位的不足，一些车子停到远处的马路上。看到这里，比尔·盖茨灵光一闪，一个绝妙的主意产生了。

第二天，比尔·盖茨就让部门经理将公司停车位卖掉10个，只留40个停车位，上午10点，就有员工不满地向部门经理反映没有停车位，车往哪儿停？部门经理抱歉地说："停车位是租的，到期了，业主不愿意续租，公司也没有办法。"一个星期后，奇怪的事情发生了：研发中心的40多名员工再也没有迟到，因为一旦迟到就意味着要把车停到马路上。如果迟到时间更长，就连附近的马路也没处停。有一日，一个散漫的员工居然把车停在了1英里外的马路上。从此，微软研发中心再没有人迟到了。

这是一个用简单解决问题的方法解决复杂问题的案例，值得我们研读。通常解决员工迟到问题的方法是，做员工思想工作，对迟到员工给予经济处罚和批评、教育，然而，这些方法不一定能奏效，即使能奏效，也不能从根本上解决员工的迟到问题。比尔·盖茨通过思考，在限制停车位数量上做文章，即员工迟到了，就要付出在较远的马路上停车的代价，让员工自己自觉改变迟到行为。微软公司解决研发人员迟到问题，得益于比尔·盖茨解决这一问题的谋略。

美国通用电气公司前CEO杰克·韦尔奇认为："管理就是把复杂问题简单化，把混乱的事情规范化。"比尔·盖茨解决这一问题的谋略极为简单，用停车场有限的车位，抓住研发人员迟到因没有车位而停在远处，需付出步行上班代价的这个根本因素。这个简单解决问题的谋略，远比对他们进行批评、教育和经济处罚更有效果，从中我们能领悟简单解决问题的智慧及其价值。

1. 简单能为解决问题降低成本

复杂问题简单解决，能有效降低解决问题的成本，如时间成本、精力成本、资金成本和管理成本等。其道理在于，简单解决问题是在坦诚面对问题，在对问题进行全面、客观分析的基础上，通过对问题的层层剥离，抓住了问题的本质，从治本而非治标着眼、着力，找到解决问题的根本思路和方法，在解决问题中就能起到四两拨千斤的效果。这是简单解决问题的奥妙之所在。在工作中，要善于将复杂问题简单化，不仅能降低解决问题的成本，更有利于提高工作效率和业绩。

2. 简单能为解决问题提高效率

简单解决问题重在解决主要矛盾，在解决问题的关键点着力，能使问题得到快速、高效解决。比尔·盖茨解决研发人员迟到问题的可贵之处在于，他在有限的车位上做文章，迟到了因没有车位需付出在远处马路停车，再步行到公司的代价，让员工自觉改变迟到行为及习惯，这种通过外在因素规范员工的自律行为，比做迟到员工的思想工作、经济处罚、批评和教育的效果要好得多。在解决问题过程中，善于将问题化繁为简，使复杂问题简单解决的价值由此可见一斑。

提高业绩需要简单

如何提高企业管理效率和业绩，这是企业领导者和员工应当深入思考和需要解决的问题，在市场经济条件下，追求企业管理效率和业绩的提高，已经成为打造企业核心竞争力的一个重要因素。因此，提高企业管理效率和业绩，应该在推崇简单管理理念，并在简单管理上下功夫。企业在管理领域化繁为简，这是提高企业管理效率和业绩的一个秘诀。国外有的知名企业在这方面已经探索出诸多宝贵的经验。

荷兰飞利浦公司全力落实“精于心，简于形”的管理理念，他们制造的小电器外观设计越来越简单，使用起来也更方便。飞利浦公司日益成为小电器领域的企业领袖。为什么会这样？因为他们知道简单会得到更多人的喜欢。过去的三年，飞利浦公司在全球举办了多场简约盛会，对外推出令人耳目一新的简约设计，和消费者重新对话。简单，不仅是设计和开发部门的事，随着组织的简化、目标的调整，所有员工都要用简单、快速的方式沟通，简单化已成为飞利浦的必备能力和共通语言。

美国苹果公司也是一个推崇简单管理的知名企业。在美国苹果公司，产品开发人员做任何事情都要问自己："这个产品用户使用起来会有多简单？对用户来说这个产品会有多棒？"苹果公司在乔布斯的领导下，先后研发和推出了麦金塔计算机等风靡全球亿万人的电子产品，深刻地改变了现代通信、娱乐乃至生活方式。而这一切都源于苹果公司推崇简单的产品设计、操作和使用的理念。这正如乔布斯所说："很多产品界面设计都相当复杂，而我们想设计的是更为一体化、更为简单的产品。""如今的科技日益复杂，苹果的核心竞争力在于能为大众解读这些复杂的科技，这一优势使苹果越发受市场青睐。"美国苹果公司的经营管理业绩，同他们崇尚简单的产品设计理念的因素是分不开的。

1. 简单能为提高业绩增强实力

企业在诸多管理领域能化繁为简，是企业实力强大的一种象征。这种强大实力最终会体现在企业管理效率业绩的提升上，管理决策程序简单，能提高管理决策的效率，避免议而不决的决策窘境；组织机构设置简单，能提高组织的执行力；沟通渠道简单，能保障企业的政令畅通，达成统一共识；产品功能设计简单，能满足消费者使用产品便捷的需求；生产流程简单，能保障产品生产的质量和速度，等等，总之，在企业管理上化繁为简，突破企业管理理念、制度和流程的樊篱，能为企业提高业绩增强实力。

2. 简单能为提高业绩增强活力

提高企业管理效率和业绩，要以增强企业活力为前提条件。企业活力根源于企业经营管理效率，企业经营管理一旦没有效率，企业的活力就丧失了。要提高企业管理效率，需要推崇化繁为简的理念、思维和方法，管理决策简单了，决策就有效率；职责分工简单了，执行就有效率；信息沟通简单了，沟通就有效率；产品简单了，就能赢得顾客的青睐，等等。荷兰飞利浦公司和美国苹果公司为什么能在激烈的市场竞争环境中充满了旺盛的活力，一个很重要的因素就是他们十分推崇简单管理，尤其是在产品设计领域，推崇简单、简约的设计理念，使他们生产的产品能满足广大顾客的需求。

信息沟通需要简单

在职场上，每个人的工作都需要通过信息沟通进行交流、开展工作，形成工作思想、观念和方法共识，以达成工作效率和业绩目标。总经理制订决策，需要收集和分析决策信息；经理解决问题，需要同下属员工沟通解决问题的思路和方法；员工执行工作，需要聆听和接纳上司的工作思路、计划和方法信息等。如何提高沟通质量，这是每个职场人士需要关注和解决的一个重要问题。提高沟通质量要遵循一个重要理念，即复杂沟通简单化。其方法包括，沟通主题，切合对象；内容简洁，切中要害；表达简洁，用词准确，使沟通者与被沟通者达成统一共识。

英国铁路线路同乘客信息沟通极为简单，简单的信息沟通极大地提高了乘客出行的效率。英国地铁开通于一百多年前，线路四通八达，密如蛛网，下了地铁，就像陷入迷宫，但是别慌，哪怕不识英文的外国人都不会迷失方向。在地铁的墙上，中腰线就是宽宽的色带导向线，色带正好与人的眼睛平视，躲都躲不了，或红或绿或黄或蓝，一种彩色代表一条路线，与地铁入口处的免费地图上的线路色带是一样的。语言有国界，色彩无国界，跟着色带走，随着角转，连傻瓜都能找到月台。

这是一个经典的信息沟通案例，这个案例之所以称得上经典，是因为英国铁路线路同乘客的信息沟通极为简单，简单到信息沟通一目了然，避免了信息沟通中的歧义、失真、迷惑、猜测和模糊等不良信息沟通现象，从而提高了信息沟通的质量和速度。

在工作中，复杂的信息沟通现象并非少见，如沟通信息复杂、繁多，会导致信息接收“消化不良”；信息沟通渠道不畅，导致信息交流出现堵塞，使正确的管理信息在贯彻中出现失真；信息沟通层级过多，导致信息交流出现失真，使正确的决策信息在执行中出现扭曲；信息沟通表达模糊，导致信息交流引起歧义，使正确的计划在实施中出现误解等。在崇尚“速度至上，效率优先”的时代，如何将复杂沟通信息内容简单化、简明化和简洁化，既能使信息沟通传递的速度快捷，质量更优，又能同信息沟通接收者就沟通内容达成共识，这是每一个职场人士应当思考和解决的问题。

1. 简单能提高信息沟通的速度

在信息沟通上化繁为简，如打通信息沟通的渠道，缩减信息沟通的层级，选择简单、简约的沟通策略和方式，简洁表达信息沟通内容等，这些都是提高信息沟通的速度的有益方法。打通信息沟通的渠道，能使每个部门经理都有责任传递领导决策信息；缩减信息沟通的层级，能有效避免因信息沟通层级过多导致沟通信息失真的不良现象；选择简单、简约的沟通策略和方式，能使信息沟通切合沟通对象实际。简洁表达信息沟通内容，能保障信息接收者收到的信息“原汁原味”，从根本上消除信息沟通的模糊、歧义等不良现象。

2. 简单能提高信息沟通的质量

信息沟通的质量是信息沟通的生命，提高信息沟通的质量，有赖于在信息沟通上化繁为简。复杂的信息沟通，如信息沟通层级多、渠道不畅、表达模糊等，都会降低信息沟通的质量，而简单的信息沟通，如沟通层级少、渠道畅通、表达简洁等，能提高信息沟通的质量，如英国地铁信息沟通，提高了乘客的出行效率，其根源在于信息沟通极为简单，即语言有国界，色彩无国界，跟着色带走，随着角转，连傻瓜都能找到月台。要提高信息沟通的质量，就必须应用复杂信息沟通简单化的方法。

人际关系需要简单

人在工作中，离不开与他人建立良好的人际关系，包括同上司、下属、同级和客户建立良好的人际关系。良好的人际关系会多道多助，而不良的人际关系会失道寡助。美国教育学家戴尔·卡耐基说："一个人事业的成功，只有15%是由于他的专业技术，另外的85%取决于人际关系和处世的技巧。"处理人与人之间的关系的能力对于每个职场人士来说，显得至关重要。在工作中，与他人建立良好人际关系的奥妙在于简单，而非复杂。

在职场上，掺杂过多的人情因素会使自身的人际关系变得复杂，那些善于左右逢源的人，需要周旋于各种人际关系，如说话、做事看他人眼色、唯唯诺诺、见风转舵、八面玲珑、阿谀奉承、溜须拍马、相互倾扎等，上述人际沟通、交往会带来诸多负面作用，主要表现在：一方面，时常揣摸他人尤其是上级领导的意图及心理，使他们的内心会变得很复杂；另一方面，个人内心复杂，也使得他们的人际关系趋向复杂。复杂人际关系对个人心理健康和事业的发展并没有多少好处。

美国微软公司平台部门的副总裁吉姆·埃尔勒是微软公司中最为重要的角色之一。但大家也许不会想到，当年比尔·盖茨请吉姆加入微软公司的时候，颇费周折。当时比尔·盖茨通过朋友多次联系吉姆，但吉姆都置之不理。后来，经过比尔的再次邀请，吉姆终于答应来微软公司。结果，吉姆一见到比尔·盖茨，就直截了当地说："微软的软件是世界上最烂的，实在不懂你请我来做什么。"令吉姆惊讶的是，比尔·盖茨不但不介意他的话，反而对他说："正是因为微软的软件存在各种缺陷，微软才需要你这样的人才。"比尔·盖茨的涵养和诚意感动了吉姆·埃尔勒，他接受了比尔·盖茨的邀请加入了微软公司，而吉姆也为微软的发展做出了重大贡献。他带领的团队开发了三代操作系统，并把两个相互分离的开发团队整合到一起。

上述案例中，吉姆愿意到微软公司工作，就是因为比尔·盖茨在处理与吉姆的人际关系方面表现得非常简单。良好的人际关系源于个人的品德修养、人格魅力、能力和业绩的吸引，而不是刻意的经营。如对领导和他人的奉承、殷勤和巴结等。用过多的时间和精力去经营所谓的人际关系，往往是本末倒置，有碍于个人工作能力和业绩的提高。

在人际关系处理上，复杂永远拼不过简单，人际关系简单了，人就简单了，人简单了，个人与他人就会很快乐。人际关系简单了，工作就简单了，工作简单了，就能提高效率和业绩。简单的人际关系法则包括：用尊重代替敌视，用真诚代替虚伪，用信任代替怀疑，用爱心代替冷漠，用理解代替抱怨，用宽容代替责备。遵循简单的人际关系法则，与他人建立良好的人际关系，会推动个人职业成长和发展。

1. 简单的人际关系，能集中时间和精力做好工作

在工作中，说话、做事要看他人眼色、唯唯诺诺和看风使舵的行为，会使人际关系异常复杂，如人际间相互敌意、虚伪、冷漠、怀疑、责备和抱怨等，复杂的人际关系会耗去宝贵的工作时间和精力，如凡是论亲疏，揣摸他人的内心想法，对他人的怀疑与防范等，都会耗去宝贵的时间和精力。而简单的人际关系，保持人际间的相互尊重、真诚、信任、爱心、理解和宽容的关系，会让我们集中时间和精力做好工作，从而有利于提高工作效率和业绩。

2. 简单的人际关系，能提高工作效率和业绩

君子之交淡如水，在职场上，将个人与他人的远近亲疏的关系同工作区别开来，这有利于人际关系的简单化。在工作中与他人建立相互信任的关系，能降低沟通的成本；与他人建立相互理解的关系，能减少工作中的摩擦；与他人建立相互宽容的关系，能减少工作中的矛盾。

第二章

缺少简单思维的职场复杂一族

A 型员工：选择复杂——难以定位职业

A 型员工在职场上并非少见。小王就是典型代表。

小王："我学的是环境工程专业，毕业两年，在三家企业从事了三种职业。一是在浙江一家企业从事污水处理设备的销售；二是在武汉一家企业从事污水处理技术服务（对建好的污水处理厂进行技术调试）；三是在一家电镀企业从事环保管理。工作两年来，我不知道该如何定位自己，我在职业选择上出现了什么问题？"

姚先桥："你的问题在于你的职业选择太复杂了。两年来，你从事环保企业的销售、技术和管理岗位，都没有脱离环境工程专业，这很可贵，但你实际上从事了三种职业，即销售、技术服务和管理，这三类职业有着本质的区别，我不知道你最终会选择哪个职业作为自己职业生涯发展方向，你必须尽早作出选择，否则，如果在这三个职业中晃来晃去，你未来的职业生涯很难获得较大的发展，因为现代人才的职业发展是以专精取胜。如果你最乐意从事环保企业产品销售，并经过实践证明你在这方面有潜质，那么，你可以将环保企业产品销售岗位作为自己的职业定位。你要善于在销售、技术服务和管理三个岗位认识自己、权衡自己，在此基础上作出职业定位的最佳选择，因为职业定位很重要。"

三百六十行，行行出状元。这句话没错，但每个人不可能在多个行业上成为状元。成为状元的人，一定是将自己的兴趣、专业、专长等同企业和社会给予的资源有机结合、匹配的人，要想在职业生涯获得发展，首先就要解决职业定位问题。有位方能有为，做好职业定位的关键在于如何尽早发现自己专业才能的优势。有这样一个真实的故事值得交流。

一个乞丐在地铁出口卖铅笔，这时过来一位富商，他向乞丐的破碗里投了几枚硬币便离去。过了一会儿，富商回来取铅笔，对乞丐说："对不起，我忘了拿铅笔，我们都是商人。"几年后，这位商人参加一次高级酒会，一位衣冠楚楚的先生向他敬酒致谢并告知说，他就是当初卖铅笔的乞丐。

乞丐生活的改变得益于富商的那句话：你我都是商人。试想，如果乞丐一直没能遇到这样一位商人，一直就甘心做一名乞丐，也许他的人生就少了一份成功。乞丐将自己定位为一个商人，经过努力，他就具备了成为商人的可能性。这就是职业定位的价值和魅力。所以，做好职业定位，这是获得职业发展的根本因素，也是职业生涯的一大智慧。

1. 高度重视职业定位的作用

职业定位是谋求职业发展的基础。有了职业定位，就有了职业发展的方向和动力，它会引导人们朝着既定的职业生涯发展目标前行，并能有效地将自己的时间、精力、知识和智慧等聚焦到所选择的职业，并达成职业发展目标。而没有职业定位的人，其时间、精力、知识、经验和智慧等会处于分散状态，没有自己职业发展的“根据地”，会很难获取职业生涯发展的成果，因此，任何低估职业定位在职业发展中作用的观点，都会犯战略性的错误。

2. 勇于尝试多种职业

人究竟选择什么职业？从事什么职业最能发挥自己的天赋、专长和智慧？一个有效途径就是参加社会职业实践。勇于尝试多种职业，在尝试多种职业的过程中，去认识、发现自己的天赋、专长和优势。勇于尝试多种职业是做好职业定位的前提条件和必要环节，这对于应届大学毕业生来说尤为重要。一个人在一生中究竟最适合于从事什么职业，最有效的方法是勇于尝试多种职业，在尝试多种职业之后，再对自己所要从事的职业进行科学的战略决策，即职业选择。

3. 对职业定位进行科学论证

职业定位在职业生涯规划中属于战略决策，职业定位决策失误，将会导致职业生涯规划的失败。因此，对职业定位进行科学论证是非常有必要的。对职业定位进行科学论证，一是要借助于第三方的意见。同事、上司或职业生涯中介咨询机构对自己职业定位的咨询意见，能够深刻洞察你的职业定位是否科学、客观和准确。二是要在职业实践中进行验证。实践是检验职业定位是否科学的唯一标准。职业定位决策做出之后，还要在职业实践中进行验证，没有经过职业实践验证的职业定位，其科学性是值得怀疑的。

B 型员工：目标复杂——精力无法聚焦

B 型员工在职场上比较普遍，请读小张的故事。

小张："我现在很迷茫，不知道自己的方向，我是 2007 年青岛大学毕业的，学的是旅游管理专业，毕业后我没有从事旅游管理工作，我在青岛做商务平台做了 2 年，后来我觉得这个工作发展空间有限而且工资也难有上升，就于 2009 年夏天回了武汉，做自考班的辅导员，但是我觉得我不适合这个工作，后来辞职了，我知道工作不好找，但我更看重工作的乐趣，现在我想找文员方面的工作，但是每次都有诸多要求，所以现在除了销售，只要是我觉得我能做的，我都投简历。我这个人生性比较自由，喜欢自己有一定空间，想创业但是又找不到合适的契机和项目，我现在很苦恼，很想知道自己到底适合什么工作？怎样规划自己的职业生涯？请你指导一下。"

姚先桥："你现在心态很浮躁，你选择的职业目标复杂，这会导致你的工作精力无法聚焦。这是职业选择的大忌。做好职业规划，关键是要彻底认识自己，你愿意从事什么职业？你在什么职业中最能发挥自己的专长？等等。你在青岛做商务平台做了 2 年，为什么不在武汉继续从事？另外，你学的是旅游管理专业，你也可以选择相关专业，你在职业目标选择上不清晰，目标太多，经常朝三暮四，这将极大影响你的职业生涯发展。"

在古希腊德尔菲神庙的金顶上，刻着一句名言："认识你自己。"1979年12月，我国著名人才学家王通讯在《试论人才成功的内在因素》论文中提出著名的观点："自己设计自己。"由此可见，认识自己和设计自己是多么重要。制定职业发展目标，首先要认识自己。是做文员还是做销售员，这涉及个人的职业价值观，两者所需的知识、能力素质截然不同，这两种不同的职业也决定了个人未来的工作方式，因此我们需要花时间去洞察自己究竟喜欢做什么，适合做什么。从职业价值观、兴趣、性格、技能四个方面，逐项做分析，倾听自己内心的声音，就会找到自己期望从事的职业。在职场上，有的人不乏追求职业发展意识，但仍徘徊于多种职业选择之中，这山望着那山高，频繁更换职业，导致最后并不清楚自己适合从事哪种职业。究其根本原因，乃是对自己缺乏深刻认识所致。知人者智，知己则明。认识自己是人生的一种最高智慧，同时也是职业生涯的最高智慧。因此，在制定职业发展目标前期，要通过多种途径有意识地彻底认识自己，制定最适合自己天赋、兴趣、性格和特长发展的职业发展目标，使自己有一个清晰的职业发展目标，才是最有价值的。倘若职业发展目标复杂，我们的精力就无法聚焦，这将极大制约个人职业发展。

1. 提高认识自己的意识

认识自己是制定职业发展的基础，一个对自己没有深刻认识的人，其制定的职业发展目标必然是盲目的，也没有科学依据。因此，作为大学生，在迈入职场以及制定职业生涯规划之前，要尽可能做到全面、客观和深刻地认识自己，这包括认识自己的职业价值观、职业理想、职业兴趣和职业特长等，为制定职业发展目标提供科学依据。

2. 掌握认识自己的方法

认识自己有方法可循。认识自己的方法主要包括，一是他人评价法。通过他人对自己工作行为和业绩的评价来认识自己。二是职业实践法。实践出真知，借助投身于职业实践认识自己。三是自我反思法。通过对自己的职业兴趣、爱好和职业特长的深刻思考认识自己。总之，只有掌握和应用认识自己的方法，才有可能达到全面、客观和深刻地认识自己的目的。

3. 应用认识自己的成果

认识自己的目的，是为了确定自己职业发展目标，简单、清晰的职业发展目标，能为制定和实施职业生涯规划提供科学依据。如果将认识自己的成果束之高阁或视而不见，为了认识自己而认识自己，就很难达到规划自己职业生涯这一目的。因此，应用认识自己的成果比认识自己更重要。

C 型员工：思想复杂——内心压力山大

在职场上，常能看到 C 型员工的身影。小陈的故事值得交流。

小陈："我是武汉一所高校的大学生，专业是国际经济与贸易，2009 年 7 月毕业。我不喜欢与人打交道，同人打交道让我感到很恐惧，在我的潜意识里，人人都像恶魔一样。我不喜欢从事国际经济与贸易相关工作，因为我英语六级，想考研，想成为一名英语教师或一名翻译。”

姚先桥：“我理解你同人打交道的恐惧心理，不善于社交的人或多或少会有这种心理。但是我绝对不认同你所说的‘人人都像恶魔一样’的观点。一个人的观点，能折射一个人思想的复杂或简单的程度，你的这一观点背后的思想太复杂了，这给你的内心带来了无形的压力。如果你继续坚持这个观点，那么将极不利于你建立良好的人际关系，你的人际关系不好，不善于尊重、理解他人，不善于同他人沟通与合作，那么你的职业发展的空间将极为有限，而这一切都源于你的这个观点。这反映出你的人生观不正确，这个世界毕竟是好人多，占总人口的95%以上，而坏人的数量只占很少的一部分。如果我们树立正确的人生观，把每个人都视为天使一样，那么，我们的心态就要阳光得多；而如果视人人为恶魔，那么自己也将沦为恶魔的一分子。我对你职业指导的建议是要树立正确的人生观，把‘人人都是恶魔’的观点，改为‘人人都是天使’。希望你能铭记，人的思想还是简单一点好。”

职业生涯成功同树立正确人生观的关系十分密切。一个没有正确人生观的人，其职业生涯取得成功的概率微乎其微。如果对什么是正义、邪恶，什么是幸福、快乐等没有一个正确的认识，那么在职场就会遭遇很多困境。譬如怎样看待职场人际关系，在职场上，倘若我们以尊重、关心和帮助的心态对待我们的上司、下属和同事，那么，人际关系就会简单，就会和谐，职业发展也会赢得他们的关心和帮助，这将极有利于个人职业生涯的发展。人生观作为对人生总的观点或理念，包括很多内容，如道德观、苦乐观、幸福观等，如果没有树立正确的道德观、苦乐观、幸福观，职业生涯规划在实施过程中就会遇到种种观念的障碍，诸如，没有正确的道德观，把他人当作恶魔，那就很难结交朋友，更不用说得到贵人的帮助了。拥有正确的人生观，会使我们的思想简单，内心充满愉悦之感；而人一旦拥有错误的人生观，思想就会变得复杂，思想复杂的人，其内心会充满压力。因此作为职场人士，若要实现职业生涯发展，就必须学会用正确的人生观打造自己，一个拥有正确人生观的人，比拥有错误人生观的人更容易获得职业生涯的成功。

1. 领悟正确人生观

领悟正确人生观是树立正确人生观的前提。领悟正确人生观的核心是能够分清自己与他人行为的好与坏，崇尚好的，抛弃坏的，如崇尚认真的行为，抛弃敷衍行为；崇尚团队合作行为，抛弃个人英雄主义行为等，一个不能分清自己与他人行为好与坏的人，是很难树立正确人生观的。领悟正确人生观要在悟透、想清楚、弄明白上下功夫，只有悟透正确人生观，才能做到认同和躬行正确人生观。

2. 认同正确人生观

认同正确人生观就是对正确人生观的推崇和相信，而不产生与正确价值观较劲甚至对抗的思想和行为。一个人一旦认同正确的人生观，那么正确的人生观才能树立，并能主宰其思想、观念与行为。

认同正确人生观从“心”开始，“心”是人生观的源头。那种口头上说一套，心里想的另一套的人，其根源在于思想并没有认同正确的人生观。没有认同正确人生观，就不可能躬行正确人生观。

3. 躬行正确人生观

评判一个人是否具有正确的人生观，一个重要标准就是要考察其在工作和学习实践中是否躬行和体现了正确的人生观。俗话说，说得好，不如做得好，躬行正确人生观比领悟和认同正确人生观更有价值，更能带来职业生涯的成功。躬行正确人生观的方法，一是在工作中要彰显正确人生观，要将正确人生观贯彻到日常工作之中；二是用正确人生观对照检查自己，在对照检查过程中反省和完善自己。

D 型员工：沟通复杂——难以把握精髓

在职场上，我们常能看到 D 型员工的身影。小王是其代表。

小王：“我是 2013 年毕业的大学生，学的是市场营销专业，目前就职于武汉一家乳制品销售企业，我每天在超市工作，面对终端客户销售鲜奶和酸奶。工作半年来，我的销售业绩平平，原因是我面对顾客总是不好意思向他们推销产品，好像他们买了我推销的产品，我总有亏欠他们的感觉。你认为，我在销售工作中是否存在沟通的障碍？”

姚先桥：“你在销售公司产品同顾客沟通过程中，的确存在沟通观念的误区，如你说：‘我面对顾客总是不好意思向他们推销产品，好像他们买了我推销的产品，我总有亏欠他们的感觉。’这个沟通观念的误区，使你同顾客沟通心理处于一种复杂，甚至纠结的状态。顾客购买公司的鲜奶和酸奶，是为了满足他们的生活需求，消费者为购买牛奶付费是天经地义的事情，你并不亏欠他们什么。你应当把同顾客的沟通想简单一点，不要太复杂。销售员同顾客沟通原本就是简单的，向客户实事求是地宣传、推销公司的产品，激发他们购买产品的欲望，这就是销售员同顾客沟通之道，也是沟通的精髓，相信你能掌握这个精髓。”

在上述案例中，小王沟通复杂，主要表现在小王沟通心理的复杂，如他认为：“我面对顾客总是不好意思向他们推销产品，好像他们买了我推销的产品，我总有亏欠他们的感觉。”正是这种复杂的沟通心理，导致他在卖场不敢理直气壮地面对顾客推销产品，销售业绩平平，阻碍了工作效率和业绩的提高。

在工作中，人与人之间的沟通事务越来越多，也越来越频繁，如纵向的上下级之间的沟通（下级向上级请示工作、上级向下级布置工作等），横向的部门之间的沟通等。在职场上，提高沟通能力显得越来越重要。我们早已进入职场不打“哑语”的时代，而提高沟通能力，成为沟通高手，是提高员工职业化素质的一个重要内容。沟通能力强的员工，有利于个人职业发展；而沟通能力匮乏的员工，其职业发展就会受到很大影响。

沟通能力是员工从事任何一项职业必须具备的能力。沟通能力优秀的有一个重要标准，就是复杂沟通简单化、简明化和简洁化。沟通简单化是指沟通尽可能简单，把复杂的沟通简单化；简明化是指沟通要主题突出，简明扼要；简洁化是指沟通语言简洁，言简意赅。如果能在沟通中做到简单化、简明化和简洁化，就可以称之为掌握了沟通的精髓，就能将复杂沟通简单化。

1. 建立阳光心态

俗话说，言为心声。沟通的语言往往能反映一个人的心态，反过来，一个人的心态也常常会通过他沟通的语言折射出来。譬如，具有阳光心态的人，其沟通会表现为喜欢简单，如直截了当、简明扼要等，因而他们往往能掌握沟通的精髓；而具有非阳光心态的人常常会滋生复杂的沟通心理，如不相信他人说的话、对他人有意见喜欢背后议论、说话习惯于“绕弯子”等，因此，建立阳光心态是将复杂沟通简单化的一大智慧。

2. 应用简单思维

思维方式与方法同沟通的质量与效果的关系十分密切。这是因为，有什么样的思维方式与方法，就会有什么样的沟通方式与方法。简单的思维方式与方法会产生简单的沟通，而复杂的思维方式与方法会形成复杂的沟通。因此，将复杂沟通简单化，需要应用简单思维，要实现简单沟通，就必须应用简单思维。

3. 提高沟通能力

将复杂沟通简单化，需要掌握沟通精髓，而掌握沟通精髓，需要提高沟通能力，如聆听能力、思维能力和表达能力等。不断提高沟通能力，这是化复杂沟通为简单沟通、提高沟通效果的重要方法。譬如，聆听能力强，能全面理解沟通的内容及意图；思维能力强，能准确判断沟通对方所阐述的观点和方法；表达能力强，在与人沟通时，能掌握沟通主题，说话简明扼要，言简意赅。提高沟通能力，有利于将复杂沟通简单化，在工作中，人际间的沟通简单了，自然就会提高工作效率和业绩。

E 型员工：思维复杂——不能厘清头绪

E 型员工是职场上的思维复杂一族，小许的求职行为有一定的代表性。

小许："我是 2008 年毕业的大学生，专业是会计，后来我又学了行政管理。我现在不知道如何选择职业，比较迷茫，总是在会计和行政管理两种职业选择之间徘徊。对于没有会计和行政管理实际经验的我来说，求职是一件较难的事情，现在我缺乏找工作的勇气，原因在于，我有很多顾虑，如我想选择会计，又担心丢了行政管理专业，倘若选择了行政管理，又怕失去会计专业；还有，如果参加会计面试，又担心企业不录取我，如果企业不录用我，我会更加郁闷甚至痛苦。请问我该如何打开这个心结？"

姚先桥："在求职领域，你存在较严重的思维障碍，你选择职业的思维太复杂了，想选择会计，又担心丢掉了行政管理专业。瞻前顾后、患得患失、犹豫不决，这种思维障碍给你的求职造成较大的负面影响，使你不敢面对和正视目前较严峻的就业形势。大学生迈向求职之旅，思维不要太复杂，不要想得太多，想得太多，就容易患得患失，患得患失就会裹足不前，缺乏行动力。选择职业很简单，关键是要厘清头绪，我建议你全面、深刻思考你当下的职业定位，你如果想从事会计职业，那么就下定决心应聘会计工作；同样，如果你认为自己更适合做行政管理工作，那么就要果断放弃会计职业，总之，两者必选其一。还有一种选择是你先尝试会计或先尝试行政管理，经实践检验，如果自己适合其中哪个职业，就果断选择那个职业，这是一种简单而有效的方法。”

上述小许的求职故事是一个典型的职业选择布里丹效应。职业选择上的布里丹效应在职场上普遍存在。布里丹效应是说：法国哲学家布里丹养了一头毛驴，每天向附近的农民买一堆草料来喂。这天送草的农民对哲学家很景仰，便额外多送了一堆草料，放在一旁。这下子，毛驴站在两堆数量、质量和与它的距离完全相等的干草之间显得很为难，它虽然享有充分的选择自由，但由于两堆干草价值相等，客观上无法分辨其优劣，于是它左看右看，以至于无法分清选择哪一堆草料好，于是，这头可怜的毛驴就这样站在原地，一会儿考虑数量，一会儿考虑质量，一会儿分析颜色，一会儿分析新鲜度，犹犹豫豫，来来回回，在无所适从中饿死了。有不少应届大学生在职业选择中，常常会遇到诸多选择，如权衡就业与专业的关系，就业与薪酬的关系或就业与职业发展空间的关系等，如果犹豫不决，举棋不定，那么就极有可能错过宝贵的求职、就业的机会。因此，如何谨防职业选择的布里丹效应就显得十分重要了。避开职业选择的布里丹效应的方法很简单，这就是职业选择思维从复杂走向简单。职业选择思维要从复杂走向简单，思维简单了，职业选择就简单了。

1. 深刻认识自己

应届大学毕业生在求职中表现出瞻前顾后、犹豫不决的行为，从根本上来说是一种缺乏深刻认识自己的表现，对自己的职业兴趣、职业倾向、职业专长、职业知识积累和职业定位不了解，面对职业选择的种种诱惑就会步入职业选择上的布里丹效应的误区或陷阱。因此，谨防职业选择上的布里丹效应的重要因素，就是要深刻认识自己。

2. 权衡利弊得失

职业选择上的犹豫不决、彷徨心理，往往在于求职者权衡利弊得失的能力不强，不能在短时间分析、判断一种或多种职业选择的利弊得失，陷入“掌心、掌背都是肉”的选择心理误区。因此，提高权衡利弊得失能力，需要思维变革，即从复杂思维向简单思维转变。权衡利弊得失能力不强，原因在于思维复杂，不能厘清求职、就业的头绪，陷入迷茫和茫然的状态。

3. 快速果断决策

求职者在职业选择上表现出患得患失、优柔寡断的行为，往往会错失宝贵的求职、就业机会。机不可失，时不再来。职业选择是一种决策，决策的原则是取其利，而避其弊，并使利大于弊。在职业选择上，只要是利大于弊，就应该快速果断决策，这样有利于把握宝贵求职、就业机会。快速果断决策，要推崇和应用简单思维，思维简单了，职业选择决策自然就会快速和果断。

F 型员工：人际复杂——滋生人际矛盾

F 型员工的人际关系复杂，小周的行为值得我们思考。

小周："我工作于事业单位，两年来，我感到人际关系很难处理。究其原因是因为我有一个习惯，看谁都不顺眼，好像他们个个不如我，我对同事很冷淡，同事对我也很少表现出热情。你认为我该怎样解决这个问题。"

姚先桥："美国石油大王洛克菲勒曾说：'我愿意付出比天底下得到其他本领更大的代价，来获取与人相处的本领。'洛克菲勒的这段话说明，与人相处的能力对于每一个人来说是何等重要。如果一个人的人际关系不好，其才能的发展将会受到很大的制约，看谁都不顺眼，这可不是一个好习惯。这个习惯会让你的人际关系复杂。《人物汇报》第 10 期载文：'明星搓麻众生相。'该文写道：据台湾电影演员刘雪华的老公讲：'刘雪华几乎不出家门，在家也几乎不做家务，她不会用洗衣机，手机也只会拨号或接听，不会发短信，我们家的烤箱买了 6 年还是新的。'然而，样样都嫌麻烦的刘雪华，却从不觉得打麻将是件麻烦事。她老公说：‘除了拍戏，她也就这一专长了。’读了这则小故事，我很感动。刘雪华的先生欣赏她的优点达到了超越常人的境界，这就是关注刘雪华的专长，而将她的短处看得很轻、很淡。最近，我经常点击土豆网，聆听海天朗诵由碑林路人撰写的散文《学会欣赏》。该散文的主题启示我们，要学会欣赏他人。作者在这篇散文中写道：‘我们生活在一个五彩斑斓的世界，在这个世界里不光有着美丽的风景，同样也有着不同个性、不同气质、不同人格魅力的人。在漫漫人生途中，你会相识相遇很多人，不同的人身上有着不同的品质及魅力，欣赏、喜欢与爱，便成为我们最难把握的尺度。’‘用宽容的心去欣赏每一个人的优点，你会发现世界很美，阳光很灿烂，你的心也会很明媚，你的天空也会变得很蓝。’聆听这篇散文，能够帮助我们领悟学会欣赏他人的价值。你说你看谁都不顺眼，这会导致你现在和将来的人际关系复杂，而且会滋生人际矛盾，当你看到别人不顺眼的时候，别人看到你也会不顺眼。”

人在职场总会与方方面面的同事打交道，既要接受要求苛刻的上司的指导，也要同自己性格不合的同级共事；既要与具备不同专长的同事合作，又要与自己持有不同价值观的下属相处，等等。面对如此之多与我们有这样或那样差异的同事共事、合作和相处，没有一双欣赏他人的慧眼，没有一个包容他人不足的胸怀，要想玩转职场无异于痴人说梦。在职场建立和谐的人际关系，使自己拥有一个好人缘，是提高职业修养的一个重要内容。得道多助，失道寡助。一个人在职场上得不到多助的人，其职业生涯发展的高度将是十分有限的。在职业上要得“道”，其中一个重要的“道”，就是学会欣赏他人。一个善于欣赏他人的人，能获得良好的人脉。每个人都有被欣赏的心理需求，当我们欣赏同事的时候，无论是其着装、气质，还是其能力和业绩等，他们都会对我们示以好感，从而增进彼此间的了解、认同和信任，获得良好的人脉；一个善于欣赏他人的人，能获得他人的赞美。在职场，人际间的欣赏与赞美都是相互的，当我们乐于寻觅他人长处并欣赏的时候，他人也会挖掘我们身上的闪光点加以赞美，我们在被他人欣赏与赞美中也收获了自信。

1. 乐于欣赏他人的长处

每个人都有其独特的长处或闪光点，这是欣赏他人的根本因素。有的职场人士总爱盯着别人的缺点或工作失误不放，并在同事面前津津乐道，这是不会欣赏他人的典型表现。只要我们有一双慧眼，是不难发现他人值得欣赏的长处的。

2. 善于真诚地赞美他人

欣赏他人不要闷在心里，而要善于真诚的赞美，即用语言将赞美他人的话表达出来，并让他人真实的感受和感觉到，只有这样才能达到真诚欣赏他人的目的。因此，在欣赏他人时，用语言真诚地赞美他人是必不可缺少的因素。

3. 在欣赏中向他人学习

欣赏与赞美他人，并不是单纯为了获得他人的好感，以及与他人建立良好的人际关系。欣赏与赞美他人，要同向他人学习结合起来，将别人的闪光点“复制”在自己的长处上，取他人所长，补自己之长，使自己的工作能力和业绩更优秀，这才是最有价值的。

G 型员工：工作复杂——工作效率低下

G 型员工工作复杂，小李的故事值得我们研读。

小李："我在企业从事项目管理工作，涉及工程项目管理，如为自来水公司提供污水处理设备及安装。我们公司项目管理很乱，内容涉及开发客户、资金投入、人员配备、制订计划和施工管理等。目前，企业项目管理正在走向制度化、规范化、精细化，要求项目管理团队成员各负其责。企业项目管理各项工作我都做过，请问，我该如何做好项目管理工作呢？"

姚先桥："企业项目管理各项工作你都做过，可见你所从事的工作比较复杂，你只能是一个项目管理的'万金油'，你的工作效率低下将是必然的。项目管理是一项涉及众多领域的专业管理工作，在现代项目管理日益专业化、复杂化、团队化和精细化的趋势面前，任何一个人都不可能把一个项目从立项到验收整个项目管理好。现代项目管理要依靠团队，通过团队成员的有效分工与合作达成项目管理的总体目标。你在日常项目管理过程中，要找到一项管理工作是你最有优势，并在工作业绩上最出彩的，如项目计划管理、项目人力资源管理等。如果你将这个问题弄清楚了，那么你就能专注做好一项项目管理工作。这会使你的项目管理工作很简单，工作简单了，提高工作效率就不难了。”

小李：“我明白你的意思，我会结合自己的工作能力、业绩等优势，专注于做好项目管理中的一项工作。”

人在职场要有自知之明，要清楚自己什么事情能做，什么事情不能做；什么事情能够做到卓越，什么事情不能做到优秀。专注于做好一项工作是职业生涯的一大智慧。在这方面不乏经典的案例。谭传华（谭木匠公司创始人）是一个专注于做好一项工作的企业家。谭木匠秉承中国传统手工艺精华，奉行“我善治木”“好木沉香”的产品理念。他花了10多年的工夫，开发了2400多个品种的梳子，硬是把小小的梳子企业做成了上市公司，51岁，他坐拥4亿身家。这可称之为谭传华人生的奇迹。“谭木匠”被评为“重庆市著名商标”“中国公认名牌”“中国驰名商标”。谭传华的成功经验很简单，就是一门心思专注于做梳子，将梳子做到全国第一。是专注于做好一项工作成就了谭传华。谭传华的工作是简单的，如果谭传华经营的企业涉足众多产业，既有木梳，还有房地产、机械制造等，那么他就会陷入复杂工作之中，谭传华就不是今天的谭传华了。而很多职场人士，他们未能在职场上脱颖而出，一个重要因素是他们太复杂了，如工作领域繁多，将自己的工作“战线”拉得过大、过长，超过了他们自身的知识储备、能力积累，以及他们拥有时间和精力等资源，导致“贪多嚼不烂”，其结果必然是难以成为职场上的专业人才。在一个专业人才取胜的时代，我们应当以谭传华为榜样，专注于做好一项工作。当专注于做好一项工作时，提高工作效率绝对不是一件困难的事情。

1. 发现自己优势

每个人都有自己独特的优势，如天赋、专长、知识、能力和经验等优势，如果发现自己在某个职业领域中 1 ~ 2 项工作优势，而且这 1 ~ 2 项工作优势是简单、清晰的，这将极有利于个人职业生涯发展。谭传华发现自己有继承祖业，单纯做木梳的优势，于是成就了“谭木匠”。一个善于发现自己优势并与相关职业有机匹配的人，在职业上就可以取得事半功倍的业绩。

2. 学会勇于放弃

在职业发展问题上，学会放弃是一种战略，更是一种智慧。放弃复杂、繁多的工作，保留简单、单纯的工作，这就是一种大智慧。每个人的职业生涯时间很短，不可能在很多职业领域“开花结果”，只有有所不为，才能有所不为。要勇于放弃那些自己并没有天赋、能力平平，以及自己付出艰苦努力很难取得成就的职业。只有具有这种智慧的人，才能在工作中化繁为简，专注于做好一项工作。

3. 成为专业人才

当今社会是一个推崇职业化、专业化人才取胜的社会，在职场上，那些“万金油”式的所谓人才时代已经过去，取而代之的是专业人才制胜的时代。唯有专业，才能卓越，在职场上，专注于做好一项工作是成为专业人才的前提条件，要成为专业人才，要在工作的化繁为简上下功夫。即复杂工作简单完成，复杂问题简单解决。

第三章

遵循简单工作法则，工作其实没那么累

目标法则：厘清工作目标

在工作中，没有比拥有明确的工作目标更重要的了。目标是一个人投入工作行动的导航仪，没有导航仪的轮船，是不可能驶向预定目地的。提高工作效率和业绩需要遵循目标法则，制定工作目标越简单、越单纯，越有利于工作目标的实现。反之，如果工作目标太复杂，就会有太多的迷惑、困惑和诱惑，分散有限的时间和精力等资源，最终导致工作目标在实施过程中因迷失前进方向而陷入困境。正如美国效率专家史蒂芬·柯维所说：“一个人做事缺乏效率的根本原因，就在于没有固定的目标，精力太过分散，以至于一事无成。”

如何实现工作目标，这是每个人必须高度重视的问题，在工作中，目标具有重要的导向作用，为了实现工作目标，就要遵循简单目标法则，即在工作过程中，始终对准和围绕工作目标进行，将影响、阻碍工作目标达成的多余的部分统统砍掉。在现实工作中，有简单工作目标的人，比拥有复杂工作目标的人更能够萌发工作激情，提高工作效率和业绩。

爱因斯坦被誉为20世纪最伟大的科学家。他之所以能取得令世人瞩目的成就，同他具有明确简单的奋斗目标是分不开的，由于奋斗目标选得准确、简单，爱因斯坦的个人潜能就能得到充分发挥。为了避免浪费人生有限的时光，爱因斯坦善于根据目标的需要进行学习，使有限的精力得到充分的利用。他创造了高效率的定向选学法，即在学习中找出能把自己的知识引到深处的东西，抛弃使自己头脑负担过重，以及会把自己诱惑得远的一切东西，从而使自己集中力量和智慧攻克选定的目标。他曾说："我看到数学分成许多专门领域，每个领域都能耗去我们短暂的一生。诚然，物理学也分成了多个领域，其中每个领域都能吞噬一个人短暂的一生。在这个领域里，我不久便学会了识别出哪种是能导深化知识的东西，而把其他许多东西撇开不管。"他就是这样指导自己学习的。爱因斯坦正是在20多年的时间内专心致志地攻读与自己的目标相关的书和研究相关的课题，终于在光电效应、布朗运动和狭义相对论三个不同领域取得了重大突破。

1. 厘清工作目标

厘清工作目标是遵循简单工作法则的重要方法，是指要将复杂、繁多的工作目标进行简化，使复杂工作目标做到简单化、单纯化。工作目标复杂了，工作也就复杂了，工作目标一旦简单了，工作也会随之简单。爱因斯坦在物理学上取得的成就，就是因为他确定的科学研究目标极为简单，即他在20多年的时间里，专心致志攻读与自己科学研究目标相关的书籍。工作目标复杂、繁多，是提高工作效率和业绩的大敌。

2. 确定工作目标

确定工作目标是指在厘清工作目标的基础上，经过对目标的筛选程序，精心选择一个简单的工作目标。确定工作目标有两个方法：一是目标简单，工作目标简明扼要，一目了然，目标繁杂，则会令人产生迷惑，两个乃至多个目标会令人无所适从；二是目标单纯，仅一个工作目标，工作目标越单纯，越有利于工作目标的实现。有了简明、单纯的工作目标，就不会盲目浪费时间和精力做与实现工作目标毫不相关的事情。

3. 咬住工作目标

推进工作目标实施，贵在能够咬住工作目标，要专心致志，不要见异思迁，心态要沉静，不要浮躁。一是要坚持工作目标信念。在目标实施过程中，不要轻易更改或随意降低工作目标标准，要表现出“咬定青山不放松”的执着坚守的精神。二是要强化行动能力。行胜于言，在实施工作目标领域要表现出较强的行动能力，做到脚踏实地，少说多做，坚持不懈，努力达成工作目标。

4. 定期检查目标

任何一个工作目标在付诸实施中，总会受到工作内部和外部因素的影响，在工作目标实施过程中，很有必要对工作目标实施状况进行定期检查。其作用在于，能及时发现和解决工作目标在实施阶段中存在的各种问题。在此基础上，对工作目标的设置内容、时间和措施等进行及时调整、修正和完善，以利于工作目标的有效达成。做好定期检查目标工作的关键，在于定期检查工作目标实施状况要真抓实干，不要流于形式。

聚焦法则：专注工作本身

简单工作的聚焦法则，就是要专注工作本身。聚焦法则是将工作时间、精力、知识和能力等资源聚焦于某一个工作领域，并专注在一个工作领域，使其快速、高效地达成工作目标。遵循简单工作的聚焦法则，是提高工作效率和业绩的重要法则。

有的职场人士工作复杂而没有效率的最重要原因就是缺乏焦点。因为不善于将时间、精力、知识和能力等焦聚于工作之中，总是浪费时间重复做同样的事情或并不重要的事情。美国当代成功学大师马克·乔伊纳认为："集中精力法则是指为了完成某件事情，你必须集中足够的精力，直到你做成为止。"我们的时间、精力、知识和能力等聚焦在什么工作上，那么所聚焦的工作就会产生效率和业绩。提高聚焦意识和能力，专注工作本身，会使工作简单，工作简单了，工作效率和业绩自然就会提高。

有一个经典的故事，能诠释聚焦在提高工作效率和业绩中的作用。

有一天，有人到柳宗元的妹妹家租房子，这个人姓杨名潜，自称是个木匠，来长安城干活，至于租金的支付方式，就是替屋主人干活。杨木匠的装备有点怪，有尺子、墨斗，却没有斧子、锯子，柳宗元不免有点疑心，既然以干活的方式支付租金，那你杨木匠会干什么呢？杨木匠说："我会选材，会指挥工程，没我就别想建一座房，我帮人家干活，我的佣金是同伙的三倍。”这话说得让人不踏实。有一天，杨木匠的床坏了一只脚，杨木匠束手无策，居然说“早晚请个人来修理一下”。柳宗元正好在场，见此笑道：“原来是个只说不练骗吃饭的。”

没多久，长安城的衙门要装修，这个工程不一般，主持工程的绝对不能是平庸之辈。某天，柳宗元经过装修工地发现工地堆满了木材，挤满了工匠，他们有的拿斧子，有的持锯子，都百鸟朝凤一般围绕着一个人，那人左手拿尺，右手拿棒，棒一舞：动斧子，马上会有工匠跑过来挥斧子；那人回首一举棒：动锯子，马上有工匠跑去锯木，一群能工巧匠都看他的脸色，听他的号令，没有一个敢擅自做主。那位指挥在上画设计图，一尺大小，把整个大厦的构造全表现得精确无比。若干日之后，工程完毕，却只署一个人的名字杨潜。柳宗元对杨潜的工程指挥才能给予了高度评价。

上述这个故事中，杨潜是善于聚焦的高手。他专精于建筑工程管理，而对于木匠活并不擅长，他在有所不为中，做到了大有作为。

1. 确定聚焦重心

聚焦贵在要立足于重心，聚焦没有重心，焦点就会发散，就会失去应有的聚焦作用。因此，在工作中，确定聚焦重心至关重要。在上则故事中，杨潜将自己的知识、才能、智慧聚焦在建筑工程管理，使他工作起来驾轻就熟，游刃有余。确定聚焦重心的根本方法，是要根据自己的专长同相关专业岗位相对接、相匹配，即专业人做专业岗位之事，这样工作起来就会很简单，工作简单了，工作起来就会得心应手，有利于提高工作效率和业绩。

2. 谨防外部诱惑

在工作中，有的人不善于聚焦，不专注工作本身，往往同他们经受不住外部的诱惑密切相关，而工作心态、欲望和目标复杂，是经不起外部诱惑的根本原因。工作心态复杂，心态浮躁、焦虑，不能沉下心来做好每一项工作；工作欲望复杂，薪酬、职位和发展前景等欲望繁多，导致很难专心致志投入工作；工作目标复杂，不愿在一个职业目标领域谋求发展，导致朝三暮四，频繁跳槽。因此，谨防外部的诱惑，从根本上来说，就是要培养简单的工作心态。如果工作心态简单了，工作欲望和目标也就简单了。

3. 整合工作资源

整合工作资源是聚焦工作重心的前提条件。工作资源包括时间、精力、知识、能力、人才、技术、资金和前期工作积累及成果等，发挥各种工作资源整合的优势，聚焦工作重心，将有利于提高工作效率和业绩。在上述故事中，工程指挥杨潜的智慧过人之处，就在于他具有很强的整合资源的能力。因此，如何整合工作资源，一定要提高整合资源的能力，倘若整合资源的能力不强，那么工作资源就很难聚集在工作领域之中。

根本法则：找到工作关键

将复杂工作简单化，学会砍掉与本职工作无关的内容和环节，抓住工作的根本，用最简略的方式、方法对工作本质进行认知，在工作本质环节上着手、着力，这是提高工作效率和业绩的一个重要法则。

一天动物园管理员发现袋鼠从笼子里跑出来了，于是开会讨论，一致认为是笼子的高度过低。所以他们决定将笼子的高度由原来的10米加高到20米。结果第二天他们发现袋鼠还是跑到外面来了，所以他们又决定再将高度加高到30米。

没想到隔天居然又看到袋鼠全跑到外面了，于是管理员们大为紧张，决定一不做二不休，将笼子的高度加高到100米。

一天长颈鹿和几只袋鼠们闲聊，“你们看，这些人会不会再继续加高你们的笼子?”长颈鹿问。“很难说。”袋鼠说，“如果他们再继续忘记关门的话!”

这个寓言故事具有深刻的工作智慧启迪价值。工作有“本末”之分，在这个故事中，关门是本，加高笼子是末，舍本而逐末，当然就不得要领了。管理是什么？管理就是先分析事情的主要矛盾和次要矛盾，认清事情的“本末”，然后从管理事情根本为切入点，找到工作的关键，就能够起到解决管理问题，以及做好管理工作的四两拨千斤的引领作用。

将复杂工作简单化并不复杂。简单工作的核心理念是：在对工作多个环节了解、研究的基础上，找到其关键环节，竭尽全力把关键环节的工作做好，然后“纲举目张”，把其他环节工作做好。任何一项工作都有其关键环节，以市场营销工作为例，营销员工同客户签约是营销工作的关键环节，而业务员拜访客户、同客户推荐公司产品、解除客户在购买产品中的疑义和售后服务等，属于非关键工作环节。营销员只有将同客户签约这项关键工作做好了，才能为营销工作创造优秀业绩。倘若营销员没有把同客户签约这项工作做好，导致客户拒绝签订产品购买协议，那么营销员向客户推荐产品、解除客户购买产品中的疑义等营销工作做得再好，都是没有多大价值的。

1. 深入了解工作

深入了解工作是找到关键工作环节的重要基础，每一项工作都是由若干个价值链构成的，但每个价值链上的工作并非都是关键工作，真正的关键工作环节只有一个或两个，而价值链上的非关键工作环节则有很多，对于复杂工作来说尤其如此。只有对工作进行深入了解，对价值链诸多工作环节进行精心分析、研究和甄别，才能有效判断谁是价值链上的关键工作环节。在工作中，如果能够有效判断关键工作环节，那么找到关键工作环节就是一件轻而易举的事情。找到关键工作环节，为做好关键环节工作奠定良好的基础。

2. 研究关键工作

在工作中，当我们找到价值链板的关键工作环节之后，就要着手研究关键工作。研究内容包括，关键工作包括哪些方面、关键工作如何同非关键工作相互衔接、做好关键工作需要整合哪些资源、做好关键工作会遇到什么问题或困难、做好关键工作有哪些措施，怎样找到关键工作的切入点、做好关键工作有哪些评价标准等。这些都是我们做好关键工作必须要做的“功课”，这些“功课”没有做好，就很难做好关键工作。只有将关键工作研究深了、透了，才能驾驭并做好关键工作，才能有效达到预先确定的工作目标。

3. 抓住关键工作

在工作中能够找到关键工作，并不等于就能将关键工作做好，唯有抓住关键工作，才能把关键工作做好。譬如，在企业培养人才的诸多工作中，选拔人才是关键工作，将人才选拔这一关键工作做好，做好人才培养其他工作就有了良好的基础。人才的苗子正，就容易培养；人才的苗子“歪”，就难以培养。找到关键工作需要智慧，抓住关键工作需要魄力，这种智慧和魄力主要表现在对关键工作抓得紧，真抓实干，不懈怠；抓得严，严格要求，不放松；抓得实，注重效果，不流于形式。唯有抓住关键工作，才能将复杂工作简单化，工作简单了，才能为提高工作效率和业绩创造良好条件。

效率法则：排定优先级别

着眼于提高工作效率，这是职场人士应遵循的工作法则。善于根据工作的重要、紧急程度安排优先顺序，能使工作变得简单，有利于提高工作效率和业绩。以简单管理为例，简单管理是一门事半功倍的大学问，是管理的最高境界，但需要指出的是，简单管理不是一味地“删除”“减少”，也并不意味着“放弃”，它需要认真地准备，认真地体会，认真地实践，认真地执行。唯有如此，员工才会创造更高的工作效率和业绩。

“80∶20”效率管理法则，即任何工作如果按价值排序，那么总价值的80%的工作项目来源于20%的工作项目。简单地说，如果你把所有必须干的工作，按重要程度划分为10项的话，那么只要将其中最重要的2项工作干好，其余的8项工作自然也能比较顺利地完成了。所以，要把日常工作做好，就要抛开那些无关轻重的80%的工作，把自己的时间、精力全部集中在最有价值的20%的工作中去，就会产生较高的工作效率和业绩。“80∶20”效率管理法则在工作中普遍存在，如企业80%的销售额来自20%的客户，企业80%的产品利润是由20%的产品创造的等。

安排工作的先后顺序，可减轻工作压力。现代职场人工作的压力并不在于工作负荷量有多大，而在于工作理不清头绪，陷入无序、忙碌和茫然之中。对工作安排优先顺序，合理分配工作时间和精力，可减轻工作压力。有顺序的工作，可提高工作效率。很多人每天要做的工作不计其数，有非常重要的要事，有紧急需要做的事情，有无关紧要的琐事等，而每个人每天的工作时间和精力总是有限的，如果能将工作分清轻重缓急，先做重要、紧急的事情，则会提高工作效率和业绩。而每天做一些既不重要，又不紧急的琐碎事情，不仅谈不上提高工作效率和业绩，而且还会耽误重要和紧迫的工作，甚至给工作带来重大的损失。

1. 分清轻重缓急

美国提高效率研究专家戴维·艾伦认为：“有意识地权衡比较自己的全部工作和项目之后，你才能看出孰轻孰重。”安排优先顺序，要建立在甄别工作主次的基础上，即对每周或每天工作的各项具体事务，结合该项具体工作事务在企业或部门整体中的作用进行价值分析、判断和评估，从中分辨出哪些工作是重要的，哪些工作是紧急的，哪些工作是无关紧要的等，然后根据具体工作的轻重缓急，按照不同的类别进行分类，安排优先顺序，以达到提高工作效率和业绩的目的。对工作分清轻重缓急，要学会对各种不同性质的工作在每月、每周或每天的工作议程中进行价值判断，对工作价值判断越客观、科学、准确，就越有利于工作的进行。

2. 安排工作顺序

对工作安排好先后，是对如何有效开展工作的谋划，对工作重要与紧急程度安排优先顺序，可遵循以下划分的评价标准，一是重要且紧急的事情，二是重要但不紧急的事情，三是紧急但不重要的事情，四是既不重要又不紧迫的事情。依据工作重要、紧急的类别，安排先后顺序，不仅会使复杂工作简单化，而且还会使我们有限的工作时间、精力高效使用，将其用在工作的刀刃上，提高工作效率和业绩。对工作安排完成的顺序，需要对不同工作的价值进行深入分析、比较和判断。将这项基础工作做好了，对工作安排顺序就比较容易，反之，对这项基础工作没有做好，就很难对工作安排顺序。

3. 实施优先原则

实施优先原则是提高工作效率和业绩的重要环节。安排工作顺序贵在谋，而实施工作优先原则贵在行动。按照优先顺序落实到位，需要付诸切实的行动，没有行动，任何重要工作都不可能完成。实施优先原则，一是要培养按工作优先顺序工作的定力，不要因为某项重要工作有困难、有挑战而随意或改做其他容易的工作；二是要对每周、每天做的每项工作坚持建立备忘录，便于今后对该工作进行跟踪检查和监督，以提高按工作优先原则工作的效率和业绩。

简化法则：工作条理有序

将复杂工作化繁为简，要遵循简化法则，即将复杂、繁多和无关紧要的工作内容删除、简化，在精简的基础上，突出重要工作，使工作条理有序，提高工作效率和业绩。遵循简单工作的简化法则，能使时间、精力、资金等资源集中在一个工作领域，在有所不为中有所作为，从而打造企业竞争优势。

> 格兰仕是一个推崇删繁就简的家用电器制造企业，企业的核心能力在于其规模化的制造能力。企业应该集中精力做好自己擅长的事情，赚取制造业利润而非商业利润，同时，格兰仕宣称，不搞分销网络及终端建设，让商家经营零风险，让经销商吃一颗定心丸，减少了工、商之间的猜疑，有助于建立一种稳固的利益共同体。在这个共同体里面，格兰仕充当“市场管理者”角色，坚持按代理商实际“消化”能力而签订代理协议、挤掉泡沫。此外，坚持刚性的营销政策，打压低价销售和

串货现象。因此，厂商之间形成了“精心开拓市场，齐心捍卫市场，开心分享市场”的良性循环。格兰仕简化营销工作及流程，不做分销网络及终端建设，使其一门心思做好产品规模化生产和为经销商服务，从而打造了自己独特的竞争优势。

在中国家电企业中，格兰仕无疑是一家具有核心竞争力的企业。格兰仕企业的核心竞争力主要表现在推崇删繁就简，在家用电器整个产业链的布局上专做自己擅长的事情，即家电产品的规模化生产与制造，而将自己并不擅长的市场营销工作交给专业机构，从而使企业从复杂的市场营销工作中解脱出来，集中精力专注于做好家电产品的规模化生产与制造。格兰仕企业的竞争之道，就是化繁为简，专心做好主业的竞争之道。格兰仕在家电制造产业链上尊崇的化繁为简，专心做好主业的经营管理理念，值得我们学习和借鉴。

1. 梳理工作内容

通过删减、简化复杂工作，打造企业竞争优势，首先要对工作内容进行全面梳理，然后在对工作内容及环节进行评估的基础上，分清楚哪些工作是重要的、哪些工作是次要的、哪些工作是能简化的、哪些工作是不能简化的、哪些工作是能删除的、哪些工作是不能删除的等。通过对工作内容的评估，就能在诸多复杂的工作中找到重要工作，为简化、删除非重要的复杂、繁多和琐碎工作提供科学依据。

2. 删减工作内容

遵循简化法则，建立企业竞争优势的关键在于删减工作内容，即把一切阻碍企业竞争优势发挥的“累赘”工作给予删减，有利于企业“轻装上阵”，从容面对和参与市场竞争。删除工作内容是一项十分重要和慎重的工作，对其要进行深入思考，通过比较研究，才能最终找到什么工作内容是可以删除的。因此，在删除工作初期要多问几个问题，如这项工作能不能取消，这项工作能不能把它与别的工作合并一起做，其他工作能不能取代这一项工作等。通过删减不必要以及累赘的工作内容，可以让我们把更多的人才、技术和资金等资源集中在重要工作领域，从而打造企业的竞争优势。

3. 打造竞争优势

遵循简单工作法则，并不单纯是为了删减工作内容，而是为了简化乃至删除不必要的复杂、繁多的工作，在“有所不为，才能有所作为”的战略思想指导下，打造企业竞争优势，这是化繁为简，使复杂工作简单化的最终目的。格兰仕企业就是一个典型案例。追求简单工作只不过是打造企业竞争优势的一种手段或举措而已。建立企业竞争优势贵在能将人才、技术和资金等资源聚焦在某一个工作领域，从而形成企业自己独特的竞争优势。

绩效法则：找准问题症结

如何提高工作绩效，这是每一个职场人士应当高度重视的核心问题。提高工作绩效，常常会同解决问题能力素质的高低密切相关，解决问题的能力素质高，其工作绩效自然高，相反，解决问题的能力素质低，其工作绩效自然就低。譬如，能够解决客户购买产品拒绝问题的销售员，比不能解决客户拒绝购买产品的销售员，更能够提高销售业绩。然而，提高解决问题能力素质的关键，在于找准问题症结，问题的症结找准了，并提出能有效解决问题症结的思路、方案和方法，那么解决任何问题就不是一件难事。

多年前，美国华盛顿的杰斐逊纪念堂前的石头腐蚀得厉害，使得维护人员大伤脑筋，而且也引起了游客们的抱怨。按照一般人解决问题的思路，最简单的做法就是更换石头。但这样需要花费一大笔钱。这时管理人员开始不断思考，石头为什么会腐蚀？原因是维护人员过于频繁地清洁石头。为什么需要这样频繁清洁石头？因为那些经常光临纪念堂的鸽子们留下了太多的粪便。鸽子为何要光临这里？因为这里有大量的蜘蛛可供它们觅食。为什么这里有这么多的蜘蛛？因为蜘蛛是被大量的飞蛾吸引过来的。那么，这里为什么有大量的飞蛾？大群飞蛾是黄昏时被纪念堂的灯光吸引过来的。通过仔细观察，他们把问题真正的原因找到了。之后管理人员采取了推迟开灯时间的方法。这样一来，没有了灯光，飞蛾就不会来；没有了飞蛾，就没有蜘蛛；没有了蜘蛛，就没有鸽子；没有了鸽子，就没有了粪便；没有了粪便，维护人员就不会频繁地清洁石头，从而减轻石头的腐蚀程度。

这是一个通过悉心观察和分析问题，找准问题的症结，使问题得到简单解决的一个典型案例，值得我们学习、借鉴。这个案例启示我们，找准问题的症结需要应用多种思维方法，如系统思维方法、逻辑思维方法、反向思维方法等，通过应用思维方法找到问题的现象及原因，通过层层剥离的方式，找到问题的多个现象与本质原因之间内在的、必然的联系，再经过分析、判断，问题的症结就会浮出水面，问题找准了，极有利于问题的解决，问题解决了，就能提高工作效率和业绩。

1. 关注重要问题

在解决工作问题中，要找到问题的症结，就要关注重要问题，因为大凡问题的症结，往往存在于重要问题之中，这是寻觅问题症结的有益方法。因此，关注重要问题，有利于找准问题的症结。关注重要问题，一定要对重要问题进行研判，考察其是重要问题，还是非重要问题，将非重要问题予以删除，这样就能够节省找准问题症结的时间和精力，使我们找到问题的症结更为简单、快捷和高效。问题的症结找到了，解决问题才能有的放矢，并达成解决问题的目标。

2. 找准问题症结

找准问题症结要善于应用简单思维。应用简单思维，能让我们在分析、判断复杂问题中剔除与问题本质无关的信息，善于抓住问题根本原因。并用最简洁的语言对问题的症结进行表述，如在美国华盛顿的杰斐逊纪念堂前的石头被腐蚀这则案例中，管理人员通过耐心观察和逻辑推理，发现引来飞蛾—蜘蛛—鸽子食物链的问题的主要症结是“灯光”，将灯光这问题症结找到了，并有效解决这个问题，这个食物链自然会解体，鸽子的粪便自然也就没有了，没有了粪便，维护人员就不会频繁地清洁石头。因此，找到问题的症结的方法，离不开应用简单思维。在工作中，将复杂问题简单化，简单解决，离不开应用简单思维。

3. 简单问题解决

在工作中，善于简单解决问题，这是提高工作效率和业绩的一个秘诀。简单解决问题是用最少的时间、精力和资金等资源投入，使解决问题的效率最高，解决问题结果的价值最大化。上述案例就是简单解决问题的一个范例，因为问题的症结是“灯光”，管理人员采取推迟开灯时间的方法，不费吹灰之力，不动“一兵一卒”，将这一复杂问题简单解决，因此，我们不能低估简单解决问题所固有的价值。将复杂问题简单化，简单解决，这是提高解决问题效率和业绩的一大智慧，每一个职场人士都应当学习、领悟和掌握这个智慧。

时间法则：聚焦工作需求

简单工作的价值，就在于它能够高效利用工作时间或节省工作时间成本用于工作，使工作在单位时间内的效率与业绩最大化。在工作中沟通简单，而非复杂；思维简单，而非复杂；操作简单，而非复杂；管理简单，而非复杂等，更能节省单位工作时间成本。因此，简单工作应遵循时间法则，将有限的工作时间聚焦于工作需求上，提高工作效率和业绩。

> 一个农民从洪水中救起了他的妻子，他的孩子却被淹死了。事后，人们议论纷纷。有的说他做得对，因为孩子可以再生一个，妻子却不能死而复活；有的说他做错了，因为妻子可以另娶一个，孩子却不能死而复活。
>
> 有一个人听了人们上述的议论，也感到疑惑难决：如果只能救活一人，究竟应该救妻子呢，还是救孩子？于是他去拜访那个农民，问他当时是怎么想的。那个农民答道："我什么也没想。洪水袭来，妻子在我身旁，我抓住她就往附近的山坡游。当我返回时，孩子已经被洪水冲走了。"

在这个案例中，农民当时救亲人的想法很简单，如果复杂了，仔细思考和权衡究竟是先解救妻子，还是先解救孩子，那么他解救亲人的时间和机会就会很快丧失，最终妻子和孩子谁都得不到解救。这说明做事情的时间和机会往往能决定其价值，在对的时间和机会，做对的工作，会使人的大脑简单（凭直觉思考），当大脑简单了，工作思路就简单了；工作思路简单了，工作也就简单了；工作简单了，工作效率和业绩自然会得到提高。在工作中，了解和找到工作需求，聚焦工作需求，在恰当的时间，做恰当的事情，能起到事半功倍的效果。

1. 评估工作需求

时间、机会这两个维度是考量选择做什么工作的两个重要因素。

以工作效率和业绩为导向，在最佳时间、机会做与之相应的工作，这是遵循简单工作时间法则的最好选择。上述故事中的农民在洪水来袭之际，解救妻子就是在最佳时间、机会做与之相应的事情，农民的解救妻子行为，同他迅速评估工作（救人）的时间、机会需求是分不开的，评估工作（救人）的时间、机会需求，就能将工作（救人）同其时间、机会的节点做到最佳组合、匹配，起到事半功倍的效果。评价工作需求，最忌主观臆断，而要站在掌控工作时间和机会的高度，对工作需求进行实事求是的分析和评估，这将有利于聚焦工作需求，有利于提高工作效率和业绩。

2. 合理运筹时间

合理运筹时间是提高工作效率和业绩的一个重要因素，合理运筹时间是一门管理艺术。遵循简单工作的时间法则，要学会合理运筹时间。合理运筹时间的作用，就是要将一定的工作时间同一定的工作内容高度匹配，充分利用单位时间价值，使时间利用价值最大化。合理运筹时间的方法，一是加强时间管理，要将时间管理同工作需求结合，在恰当的时间，做恰当的事情；二是要将每个工作内容和环节同相应的时间节点紧密联系起来，如解决问题要同解决问题的时间节点紧密联系起来；三是时间紧迫的事情要第一时间投入，以解决最紧迫的问题，或完成最紧迫的重要工作。

3. 专注工作需求

在什么时间节点上开展什么工作，达成怎样的工作效率和业绩是绝然不同的，例如，错过了洪水灾害发生和救人的最佳时间，就达不到解救人的目的。在产品质量问题产生的萌芽阶段，如果不能及时解决产品质量问题及隐患，那么到了产品质量问题扩大之后再去解决产品质量问题，就很难挽回产品质量问题给企业造成的损失。因此，关注工作需求，在最恰当的时间、机会选择做最恰当的事情，提高最优工作效率和业绩，这就是简单的工作智慧。

第四章

将复杂问题简单化，工作问题会迎刃而解

目标问题——简单的目标可实现

工作目标是提高工作效率和业绩的向导。有了这个向导，就能将时间、精力、技术和资金等资源高效投入工作，并达成工作效率和业绩目标。每个职场人士在工作中，都会思考工作目标问题。是将复杂工作简单化，还是将简单工作复杂化，不同的选择，对于提高工作效率和业绩将是绝然不同的。前者将有利于工作效率和业绩的提高，后者则会阻碍工作效率和业绩的提高。工作目标设置贵在简单，我国古代哲学家老子说："少则得，多则惑。"简单的工作目标有利于实现，复杂、繁多的工作目标会让人迷惑、迷茫，而迷惑、迷茫的工作目标难于实现。

美国福特汽车公司创始人亨利·福特为了使汽车具有更好的性能，决定生产一种有8只汽缸的引擎。这在当时几乎是不可能的，但是亨利·福特却决心要工程师实现这个"不可能的目标"，不管设计师们以怎样的理由反对，亨利·福特坚持："无论如何也要生产这种引擎，直到成功为止，不管需要多长时间。"在这一不可能的目标的激励下，全体员工只能将全部智慧和精力投入到8缸引擎的研发中去。

一年过去了，工程师告诉福特："还有很多关键问题没有解决。"福特仍然坚持，"继续去做，我们一定要制造出这种引擎，这是我们的目标。"最终，工程师找到了诀窍，成功地制造出了

8 缸引擎。不仅如此，员工在这种不断追求高层次的过程中，还形成了一种不断进取，克服困难的精神。

在这个故事中，亨利·福特领导众多工程师，成功设计并制造出 8 缸引擎，其根本因素在于，亨利·福特提出和坚持了一个简单的工作目标——设计和生产有 8 只汽缸引擎的汽车。这说明一个简单的工作目标是容易实现的。在工作目标的设置上，要避免复杂和繁多。复杂和繁多的工作目标，不仅会让人迷惑、迷茫，更难以聚焦人才、技术和资金等资源，极不利于工作目标的实现。

1. 厘清工作目标

厘清工作目标是对工作目标确定前的整理、筛选、评估和甄别，使所设定的工作目标符合个人和企业发展的实际，既要有前瞻性、挑战性，更要有简单性。厘清工作目标的方法，一是工作目标明确。制定工作目标要有的放矢，不能含糊其词，含糊其词的目标难以凝聚人心。二是工作目标合理。制定工作目标要实事求是，不要好高骛远，好高骛远的工作目标难以贯彻实施。三是工作目标可行。制定工作目标要有可操作性，不要纸上谈兵，纸上谈兵的目标会使工作目标在实施过程中陷入搁浅的窘境。厘清工作目标，有利于解决工作目标设置的科学化、简单化和清晰化的问题。

2. 简化工作目标

简化工作目标是指在设置工作目标问题上做“减法”，在厘清工作目标的基础上，从诸多复杂的工作目标中精心选择和确定重要工作目标，将那些无关紧要的工作目标统统删除。简化工作目标应遵循的原则，一是目标简明原则。工作目标设置要简明扼要，让人一目了然，一看就懂。二是目标简洁原则。工作目标设置要简洁明了，让人理解、记忆，便于执行。三是目标细化原则。工作目标设置要细化到各项工作，促进工作目标逐项实施。

3. 坚守工作目标

有了简单工作目标，不仅需要付诸实施，更需要坚守。坚守工作目标要有对实现工作目标永不放弃的精神，实现工作目标无论遇到多少艰难困苦，都执着追求和追寻，不离不弃。亨利·福特设定生产8缸引擎的工作目标之所以能够实现，就是因为福特对这一工作目标的坚守。只有坚守工作目标，才能有效实现工作目标。任何工作目标的实现，不可能唾手可得，唯有执着坚守，才能达成预期的工作目标。坚守工作目标要培养领导者和员工坚强的意志力，不惧任何艰难困苦，执着坚守工作目标。

计划问题——简单的计划易实施

凡事预则立，不预则废。制订工作计划是指将各项工作内容按目标、时间、数量、质量等要求，通过撰写工作计划书的形式呈现出来，在工作中逐项实施的一种管理举措。制订工作计划的目的是促进工作计划的实施，提高工作效率和业绩。做好任何一项工作，都需要制订工作计划，按工作计划要求，将各项工作按照目标、时间、质量等要求做到位。企业每个部门都有工作计划，如生产部门有生产计划、营销部门有营销计划等。在工作中，如果没有工作计划，那么，将很难创造出较高的工作效率和业绩。工作有计划，按照达成工作目标的要求，合理分配工作时间、精力等资源，能有效提高工作效率和业绩。

有一个农夫一早起来，告诉妻子说要去耕田，当他走到40号田地时，却发现耕耘机没有油了，原本打算立刻要去加油时，突然想到家里的猪没有喂，于是转回家去，经过仓库时，望见旁边还有几个马铃薯，他想起马铃薯正在发芽，于是又走到马铃薯的田中去，路途中经过木材堆，又记起家中需要一些柴火，正当要去取柴的时候，看见一只生病的鸡躺在地上，这样来来回回忙了几趟，这个农夫从早上一直到夕阳西下，油没加，猪没喂，田没耕，最后什么也没干。农夫这一天宝贵的时间，在不知不觉中荒废了。

在现实中，相信有很多人同故事中的农夫一样，既没有工作计划，也没有执行工作计划的定力，做工作随心所欲，主观随意性强，想到哪里，就做到哪里；想怎么做，就怎么做，犹如脚踩西瓜皮，踩到哪里，就滑到哪里，这种随意性的工作现象在职场上并非少见。工作由于没有计划，很难将一项工作按照其目标、质量和时间等要求不折不扣地完成。

1. 评估工作计划

在工作计划实施之前，要对工作计划进行评估，包括对工作计划内容的评估，考察其工作计划目标是否清晰，工作计划内容是否翔实、具体，时间节点是否合理，措施是否可行等；文字表述的评估，考察其工作计划条理是否清晰，文字表述是否简明、简洁等。对工作计划进行评估，有利于对工作计划的修改和完善，使其成为一个工作内容重点突出，简明扼要，能指导工作开展，并能达成工作目标的工作计划。评估工作计划的方法：一是要实事求是。本着科学、严谨的态度对工作计划进行评估。二是汲取专家的智慧。征求专家对工作计划的评估意见，有利于对工作计划进行客观评估。

2. 突出重要计划

一份简单的工作计划，必须明确界定哪些工作计划属于重要工作计划，哪些工作计划属于次要工作计划。在工作计划中，倘若没有重要工作计划，那么，这个工作计划是没有多少价值的。譬如，企业营销部制订的市场营销工作计划，如果没有产品销售额计划，那么，制订的这个销售工作计划中的其他营销工作计划再明确、再翔实，其指导营销工作的作用将是有限的。突出重要工作计划的方法，就是要善于在复杂的工作计划中，将复杂工作计划通过突出重要工作计划的思路，使之成为一个简单的工作计划，即复杂工作计划简单化。

3. 实施重要计划

简单的工作计划比复杂的工作计划更容易实施，但简单的工作计划并不能保障其在实际工作中贯彻落实。有了简单工作计划，关键在于实施。简单工作计划比复杂工作计划更容易实施，且有利于实施到位。实施重要工作计划要遵循简单的工作方法，即部门领导为实施重要工作计划的第一责任人，切实负责重要工作计划实施过程中的组织、协调、检查、监督等工作，没有部门领导对重要工作计划实施的高度负责，就很难有简单工作计划的有效实施。

思路问题——简单的思路好贯彻

在工作中如何提高效率和业绩，这同开启员工工作思路的因素有密切联系。工作思路有简单和复杂之分，简单的工作思路，能直接解决工作问题，有利于达成工作效率和业绩目标，且能降低工作时间、精力、资金等资源成本；而复杂的工作思路，很难有效解决工作问题，往往要消耗工作时间、精力和资金等资源，与复杂的工作思路相比，简单的工作思路好贯彻，且能提高工作效率和业绩。

有一年，大雪袭击了美国北部，电线上积满了冰雪，大跨度的电线常被积雪压断，造成电力输送安全事故。有一家电信公司召集专业人才开会，研究清除电线上的积雪问题。

会上，大家七嘴八舌地议论起来。有人提出设计一种带机械手的专用电线清雪机，有人建议研究一种电热装置去化解电线上的积雪。公司经理思考后认为，这种想法在技术上虽然可行，但研制费用大，周期长，一时难以奏效。于是，他再问大家，有没有新的办法呢?

这时，一位室内清洁工插嘴说：“让我坐直升机去扫雪就好。”带着扫帚乘飞机去扫电线上的积雪，这真是一个简单的想法，大家顿时哄笑起来。然而，一名工程师在听到这个想法后，突然有了灵感，一种简单可行且高效的清雪方法冒了出来。

他想，每当大雪过后，出动直升机沿积雪严重的电线飞行，依靠高速旋转的螺旋桨难道不能将电线上的积雪扇落吗？于是他马上提出用直升机飞机扇雪的新方案。经过专家们的讨论，认为这的确是一种富有创意的设想，值得一试。第二天的现场试验，说明了用直升机扇雪的可行性。一个久悬未决的难题，终于得到了创造性解决。

这个化繁为简，复杂问题简单解决的案例折射出的智慧启示我们，简单的思路能解决大问题，其原因在于简单的工作思路好贯彻，其根本原因在于，简单的工作思路既能节省工作时间、精力和资金等成本，更容易被领导和员工所理解和执行。思路决定出路，简单的工作思路比复杂的工作思路好。简单的工作思路，是提高工作效率和业绩的一个法宝。

1. 收集工作思路

简单的工作思路在于收集，收集的工作思路越多，可供筛选、评估的工作思路也就越多，最后选择的工作思路价值就越高。收集工作思路是一项针对做好某项工作或解决某一工作问题广开言路的活动，工作思路的质量取决于能提出多少工作思路的数量。工作思路的数量越多，工作思路的质量就越高。作为企业领导者要积极营造员工乐于交流工作思路的良好氛围，大力鼓励员工畅所欲言，为开展工作或解决问题献计献策，促进工作效率和业绩的提高。

2. 提炼工作思路

在员工群体中收集工作思路之后，还需要对工作思路进行提炼，通过比较、分析和筛选，去伪存真、去粗取精、去繁就简，使其成为名副其实开展工作或解决工作问题的好工作思路。在上述案例中，一位工程师针对大跨度电线常被积雪覆盖这一问题，提出用直升飞机“扇雪”这一新方案，就是针对解决这一问题思路不断提炼，最终选择的结果。经过提炼的工作思路更精练、更简单，也更易于贯彻。提炼工作思路要在化繁为简上做文章，力求做到将复杂思路简单化。

3. 贯彻工作思路

有了简单的工作思路，需要在工作中贯彻，使其有效落实到位，真正起到提高工作效率和业绩的作用。贯彻工作思路，关键是要在工作实践中应用工作思路，而不能使之束之高阁，漠视应用，否则，再好的工作思路也不能彰显出应有的价值。贯彻工作思路的方法，一是领导切实负责。企业领导要成为贯彻工作思路的重要责任者，领导在工作中要率先落实工作思路。二是加强检查监督。要将简单工作思路落实到位，必须加强检查监督，检查监督工作到位，贯彻工作思路的工作就会有效果。

制度问题——简单的制度有效果

在执行企业管理制度的问题上，简单制度的效果，远胜于复杂的制度，这其中的奥妙主要是因为人的大脑的功能精妙无比，能够储存千千万万复杂的海量信息，但大脑所遵从的却是几个甚至一两个指令，真正执行指令的信息非常有限。正是由于这个因素，使得我们的大脑喜欢简单、简明和简洁的指令，不喜欢复杂、繁杂和烦琐的指令。复杂、繁杂和烦琐的指令，让人难以理解、记忆，常常会使人感到迷惑和困惑。这就是简单制度为什么能在工作中产生效果的一个重要依据。

许多企业的管理制度有很深的历史沉淀和积累，管理严格、严谨的制度确实不少，但能够认真执行的却不多。深究起来，固然与有令不行、有禁不止，执行规章制度不认真、不严格有关，但规章制度太复杂、太烦琐，员工难以理解、记忆，因而很难实施，很难检查、监督，这也是企业管理制度缺乏执行力的一个重要原因。如何解决这个问题，答案就是在管理制度上化繁为简，制定简明扼要的企业管理制度，让每个人都记得住，也能执行到位。

湖南有家造纸企业，因经营无方，多年亏损。新老总上任后，发现职工作风散漫，该干什么，不该干什么，没个标准。真没标准吗？办公室主任告诉老总，企业不但有规章制度，而且非常详细。说着，抱出一堆管理条例。老总一看，好家伙，厚厚五大本，足有几斤重！于是，老总亲自主持制定了两项管理制度，一项叫作“四无”，另一项叫作“五不走”。“四无”即车间必须做到：无垃圾、无杂物、无闲坐闲聊人员、无乱放成品半成品；“五不走”即工人下班必须做到：设备不擦净不走、材料不放整齐不走、工具不清点好不走、记录不填好不走、现场不清扫不走。两项制度，一共九条，简单清楚，人人明白。自此以后，工厂管理大有起色，人人都夸老总“英明”。老总的“英明”之处并不神秘，只不过是将复杂的管理制度简单化而已。

以上这个故事说明一个道理——简单的企业管理制度才是企业最佳的管理制度。其实，在现实生活中，最短的距离是一条直线；在现实管理中，简单的管理制度往往比复杂的管理制度更能够提高管理工作效率和业绩。这是因为，简单的管理制度易于员工理解、记忆和执行。

1. 盘点管理制度

企业管理制度的作用，应着眼于规范员工在工作中的所做、所为，帮助员工提高工作效率和业绩，企业管理制度应当起到这种作用。要解决企业管理制度流于形式，执行能力不强的问题，需要对管理制度进行盘点。对管理制度进行盘点，就是要对管理制度在执行过程中是否具有科学性、合理性和可操作性进行反思、修改和完善。如果是由于管理制度本身太复杂、太烦琐，导致管理制度在执行过程中形同虚设、效率低下，那么，就应该对管理制度进行删减和精简，以提高管理制度在执行过程中的效率和业绩。

2. 精简管理制度

精简管理制度是推行简单管理制度的一项基础工作。精简管理制度就是将复杂的管理制度简单化，体现出管理制度的简单性、实用性和简洁性。简单性，即管理制度内容容易理解，执行简单；实用性，即管理制度要结合企业具体实际情况，有的放失，操作简便；简洁性，即管理制度篇幅短小，文字精练，易让员工理解、记忆。使之成为有效规范员工行为、促进员工提高工作效率和业绩的管理制度。

3. 落实管理制度

精简管理制度为有效落实管理制度提供了良好条件。落实管理制度要善于抓住关键环节，即加强对员工执行管理制度工作行为的检查、监督。企业管理实践经验表明，没有对领导和员工执行管理制度工作行为的检查、监督，就没有管理制度的有效落实乃至落实到位。通过经常性对领导和员工执行管理制度工作行为的检查和监督，就能培养领导和员工执行管理制度的意识和习惯，一旦他们养成执行管理制度的习惯时，那么落实管理制度，提高管理制度的执行力，就是一个比较容易的事情。

机制问题——简单的机制好运行

任何一个组织的运行和发展，都离不开发挥机制的作用。机制是指一个工作系统的组织或部分之间相互作用的过程或方式，如竞争机制、激励机制、监督机制等。组织运行机制有复杂和简单之别，简单的机制能起到促进系统内的各元素之间相互影响和相互促进的作用。

有七个人曾经住在一起，每天分一大桶粥。要命的是，粥每天都是不够的。

一开始，他们抓阄决定谁来分粥，每天轮一个。于是乎每周下来，他们只有一天是饱的，就是自己分粥的那一天。

后来他们开始推选出一个道德高尚的人出来分粥。强权就会产生腐败，大家开始挖空心思去讨好他，贿赂他，搞得整个小团体乌烟瘴气。

然后大家开始组成三人的分粥委员会及四人的评选委员会，这个分粥机制导致互相攻击和扯皮，粥吃到嘴里全是凉的。

最后想出来一个方法：轮流分粥，但分粥的人要等其他人都挑完后拿剩下的最后一碗。为了不让自己吃到最少的，每人都尽量分得平均，就算不平均，也只能认了。从此以后，大家快快乐乐，和和气气，日子越过越好。

这个分粥机制的故事能带给我们如何建立简单运行机制这一智慧的启迪。同样是七个人，不同的分粥机制，组织就会产生不同的风气和行为。所以，一个组织的员工如果有不良的工作风气和行为，一定是组织运行机制出现了问题，如员工激励机制不健全，导致员工干好干坏一个样；员工约束机制不完善，导致员工对管理制度缺乏敬畏感等。如何建立良好的企业运行机制，这是企业每个领导者需要思考和研究的重要问题。

解决企业运行机制存在的问题，一个重要思路就是企业运行机制要从复杂走向简单，这是因为，简单的机制比复杂的机制更能够保障其持续、有效的运行，并能实现预期的工作目标。譬如，企业在人才选拔领域，赛马的选才机制比相马（领导者发现、推荐人才）的选才机制要简单一些。前者有公平、竞争的要素，而后者公平、竞争的要素少得多，选拔人才的工作自然是十分复杂，如领导者任人唯亲，“人才”溜须拍马，甚至滋生跑官卖官等腐败现象。

1. 研究工作机制

建立和完善工作运行机制，需要深入研究。工作机制的建立和完善是在应用各种有效的工作方式、方法的基础上，不断总结和提炼出来的。在上述分粥故事中，最公平、最有效的分粥方法是轮流分粥，但分粥的人要等其他人都挑完后拿剩下的最后一碗，这种分粥机制是在总结三次分粥教训中提炼出来的。可见研究工作机制，在建立和完善工作机制中的重要作用。如何使工作机制更简单一点，这是研究工作机制的重要和难点，值得企业领导者给予高度重视。

2. 简化工作机制

好的工作机制总是同简单管理制度、方式和方法结合在一起的。简单的工作机制更能够保障其工作的高效运行。在上述分粥故事中，为什么轮流分粥，但分粥的人要等其他人都挑完后拿剩下的最后一碗的分粥机制有效果，其根本原因在于这个分粥机制最简单，实施起来的时间、精力和管理成本最低，而且分粥的负作用最小（几乎没有），这说明简单工作的机制，在实际管理过程中能更好地推行。简化工作机制，要在“减”字上着力，要将复杂、繁多的管理制度、方式和方法从工作机制中删除。简化工作机制的目的是不断提高员工工作效率和业绩。

3. 完善工作机制

在一个组织内部，各项工作总是相互交叉、相互制约的。由于员工的品德、观念、心态、知识、技能等素质参差不齐，这给工作机制的良性运行带来了困难和障碍。因此，要推行各项工作的有序、有效运行，就必须不断完善工作机制，如动力机制、竞争机制、考核机制、激励机制和监督机制等，只有保障工作机制的良好运行，才能推动各项工作提高效率和业绩。

策略问题——简单的策略易推广

在工作中，有了工作目标和计划，还要有工作策略。工作策略是指开展工作的方式、方法。工作策略是以工作目标为导向，有效组织开展各项工作，达成预期的工作目标的方式和方法，如沟通策略、执行策略和解决问题策略等。不同的工作策略，会产生不同的工作结果。在工作中，有的人能够轻松地胜任繁重的工作，或处理复杂的问题，有的人却理不清工作思路，工作手忙脚乱、工作效率低、工作业绩不高。他们的区别在于，前者有工作策略，而后者匮乏工作策略。在工作中一旦有了工作策略，工作中就会游刃有余。

在日本和新加坡等国家，有一个很奇怪的现象，那就是所有四层以上建筑物的外墙上都有一排贴着倒立的红三角标志的窗户，从顶楼一直延续到一楼非常显眼。在建筑物的外墙上的窗户设置倒立的红三角标志，目的是市民当突发事件来临时，救援队能及时、方便的救助。

有人建议，窗户全部改成全开式，在必要的时候，可以选择在任何可以打开的窗户逃生。

有人建议，在高楼外的墙上，加建逃生电梯，有突发情况，人可以选择从逃生电梯逃生。

综合日本的国情和地理环境，只有一个建议被采纳。这个建议的主要内容是，在每层楼统一位置设置一个全开窗，一般设在每层楼的最边上，并贴上红色倒三角形图标。在地震和火灾来临的时候，每层楼上的人们，可自觉到贴有红色倒三角形图标的活动窗前排队集合，等待救援队的救援，救援队的云梯将全部优先架设在贴有醒目红三角标志的窗户前，方便被困的群众逃生。

这样做的好处有很多，不仅可以避免灾难来临时混乱的局面而导致的踩踏伤亡事件，而且可以尽可能地减少处于较高楼层的人们因为没有办法而盲目跳楼的惨剧出现，同时也避免了救援队分散救援造成的人员损失和伤亡。于是，这条具有人性化又不浪费财力的建议被政府采纳，并一直沿用至今。

在这个案例中，日本、新加坡等国家为了应对当灾难来临时，在建筑物的外墙上都有一排贴着倒立的红三角标志的策略，这个策略被政府采纳，是因为这个策略简单，如图标简单，统一设置，因为简单的策略容易推广。这启示我们，要将复杂策略简单化，而不要将简单策略复杂化，在工作中如何将决策策略、沟通策略、执行策略等从复杂走向简单，这是每一个领导者和管理者应当思考的重要问题。

1. 评价工作策略

采纳工作策略，需要评估工作策略，即在对多个工作策略进行分析、比较、筛选和甄别的基础上，看哪个工作策略更简单，更能达成工作效率和业绩目标，选择出 1～2 个工作策略，以推进工作开展。评价工作策略的方法，一是避免先入为主。以主观臆断制定工作策略，多半会以失败而告终。二是集中专家智慧。在制定重要工作策略时，集中专家智慧能保障制定工作策略的科学性。

2. 完善工作策略

完善工作策略是指对所选择的工作策略进行科学分析与论证，在工作中试用，然后在汲取反馈信息和建议的基础上，对工作策略给予修改和完善。完善工作策略的目的是提高工作策略指导工作开展的质量，为提高工作效率和业绩服务。完善工作策略的方法，一是重视科学论证。一个工作策略是复杂好，还是简单好，只有通过科学论证才能得出正确结论。二是及时反馈信息。通过及时反馈信息，为完善工作策略提供依据。

3. 执行工作策略

在工作中完善工作策略是基础，执行工作策略是关键，再好的工作策略，如果不能在工作过程中有效执行，贯彻落实，那么，这种工作策略是毫无价值可言的。执行工作策略贵在坚持，不折不扣的坚持，而不要随意更改或见异思迁。执行工作策略要在培养意志力和坚持力上下功夫，没有意志力和坚持力，再好的工作策略也是很难执行和达成工作目标的。

沟通问题——简单的沟通有效果

在职场上，无论是领导还是员工，都离不开沟通。沟通在工作中无处不在，无处不有。沟通形式多种多样，如领导演讲、研讨问题、商务洽谈、工作请示和汇报、邮件和微信沟通等。沟通的目的是消除认识与思想分歧，统一认识和思想，彼此达成共识，提高工作效率和业绩。然而，在工作中，如何解决沟通中存在的问题，就要遵循复杂沟通简单化的理念。

有一个秀才买柴，他对卖柴的人说："荷薪者过来!"卖柴的人听不懂"荷薪者"（担柴的人）三个字，但是听得懂"过来"两个字，于是把柴担到秀才面前。

秀才问他："其价如何?"卖柴的人听不懂这句话，但是听得懂"价"这个字，于是就告诉秀才价钱。秀才接着说："外实而内虚，烟多而焰少，请损之（你的木材外表是干的，里头却是湿的，燃烧起来，会浓烟多而火焰小，请减些价钱吧）。"卖柴的人因为听不懂秀才的话，于是担着柴就走了。秀才的话本身无可厚非，然而，在卖柴人面前，选择了一种错误的语言沟通方式，其结果导致沟通产生歧义，未能达成共识，卖柴人以为秀才不会买。

这个故事说的是一个秀才买柴不考虑沟通对象，以对方听不懂的文言文为语言交流的载体，使简单沟通复杂化，导致沟通失败。其教训启示我们，解决工作中的沟通问题，不要使简单沟通复杂化，而要使复杂沟通简单化，因为简单沟通有效果。

> 2014年元月，在武汉市十三届人大三次会议召开计划和预算审议专题会上，武汉理工大学审计处前处长，管理学院内会计系教授陈晓芳看政府预算报告"比较晕"，如果在文中用图表就会更清晰、易懂。

在工作沟通过程中，员工如何克服向领导请示、汇报工作等"比较晕"的沟通现象，应当引起领导者的高度重视。沟通有复杂沟通和简单沟通之分。复杂沟通，如沟通主题不明确，条理不清晰，词不达意，会影响沟通效果。简单沟通，沟通主题明确，条理清晰，言简意赅，能提高沟通效果。因此，学会简单沟通，提高简单沟通能力，日益成为职场人士的一项重要的工作能力。

1. 了解沟通对象

了解乃至研究沟通对象，这是提高沟通效果的基本方法。在上述秀才买柴沟通的故事中，秀才与担柴者的沟通为什么失败，秀才的问话为什么让担柴者听起来比较"比较晕"，其根本原因是秀才不了解沟通对象（担柴者）听不懂文言文所致。因此，了解沟通对象，如洞察他们从事什么职业，大学读的是什么专业，有什么工作经验，参加沟通活动有什么目的和需求，最喜欢用什么样方式、方法沟通等。了解沟通对象，就是一个知彼的过程，善于知彼对于提高沟通效果有重要作用。

2. 提炼沟通主题

要做到复杂沟通简单化，关键在于要提炼沟通主题，对繁多、繁杂的沟通内容要进行提炼和删减，将其沟通精华的主题从繁多、繁杂的沟通内容中提炼出来，将其复杂、繁多的累赘删减出去。沟通有一个法则，即少胜于多，简单胜于复杂。在职场上，每一工作都有其明确的沟通主题，如问题沟通的主题说事实，将问题的事实说出来；建议沟通的主题说方案，将工作方案说出来；总结沟通的主题说经验，将工作经验说出来等。只有将沟通主题提炼出来，就能抓住沟通的本质，沟通的本质抓住了，沟通就能删繁为简，使复杂沟通简单化。沟通简单了，自然会提高沟通效果。

3. 应用沟通方法

良好的沟通，离不开应用良好的沟通方法。提高沟通效果，有赖于应用与沟通内容相得体、相适宜和相匹配的沟通方法，并实现与沟通双方减少乃至消除分歧、摩擦和矛盾，达成对一个工作思路、决策和方法的统一认识的目标。沟通的方法及要求包括，会议沟通结果化，会议沟通一定要有结果；专业沟通通俗化，将生硬的概念用通俗易懂的语言表达；数据沟通图表化，用鲜活的图表诠释枯燥的数据；复杂沟通简单化，简洁表达沟通内容的精华；文件沟通电子化，通过 OA 办公软件系统等网络系统传输、接收电子文件等。掌握沟通的方法及要求，有利于提高沟通的效果。

第五章

越少越好：工作不在多而在于精

精准：直接瞄准目标

不少职场人士在工作中纷纷喊忙，以企业人力资源部经理为例，忙于制订员工招聘计划、忙于现场招聘、忙于面试求职者、忙于组织员工培训等。对忙的解释，可以定义为心忙，工作如果没有明确目标，时间和精力等没有聚焦在如何达成工作目标上，那么忙就是一种工作常态，有这种工作常态并不是一件好事情。

在如今越来越复杂与紧凑的工作步调中，保持简单是最好的应对策略。简单来自有明确的工作目标，知道自己该做哪些事，不该做哪些事；知道什么事是重要的，什么事不是重要的，多做有利于实现工作目标的事情，少做甚至不做阻碍或有损于实现工作目标的事情，就会使工作变得简单，这有利于集中时间和精力投入工作，实现预期的工作目标。

要想在工作上有所作为和有所成就，一个简单的方法，就是直接对准工作目标，经过多年心无旁骛、专心致志的持续努力，工作目标就一定能实现。有一则寓言故事值得交流。

在茫茫的草原上，一只老狼带着它的三个儿子去捉野兔。一切准备妥当，这时老狼向三个儿子提出了一个问题："你们看到了什么呢？"

老大回答说："我看到草原上奔跑的野兔，还有一望无际的草原。"

父亲摇摇头说："不对。"

老二回答的是："我看到了爸爸、大哥、弟弟、野兔和茫茫的草原。"

父亲又摇摇头说："不对。"

而老三回答相当简单："我看到野兔。"

这时老狼说："你答对了。"

这则寓言故事中的老三专注野兔目标，直接对准野兔目标的意识、智慧和能力告诉我们，将自己的知识和才能、时间和精力，用于直接对准工作目标，并执着坚持，这是实现工作目标有益的工作方法。而游离于工作目标之外的知识、能力、时间和精力过于分散，对工作目标的"朝三暮四"，到头来极有可能是一无所获、一事无成。美国学者贾森·弗里德在其所著《重来——更简单有效的商业思维》提到："当你开始着手一件事情时，总有一些力量将你拉向不同的方向。这当中包括你能做的，你想做的以及你必须做的事情，你应该从必须做的事情开始下手，即从核心出发。"直接瞄准工作目标，这是实现工作目标最简单、最有效的工作方法。

1. 全面比较工作目标

精准，直接瞄准工作目标，这是简单工作的一大智慧。工作目标精准是指人在工作中能精确地对准的工作目标。确定精准的工作目标在工作中发挥着举足轻重的作用。精准的工作目标，往往包含重要工作目标。对准重要工作目标，以一当十，集中优势兵力，就能为实现重要工作目标奠定坚实基础，重要工作目标实现了，就能为实现非重要工作目标创造良好条件。精准工作目标，是在对诸多工作目标经过分析、比较和研究基础上确定的，没有分析、比较和研究工作目标这个环节，就很难确定精准工作目标。

2. 直接瞄准工作目标

在工作中，直接瞄准工作目标是提高工作效率和业绩的有效方法。直接瞄准工作目标是指在从事某项工作伊始，就关注能够直接达成工作目标的事情。譬如，优秀的营销员在从事销售工作初期，就要从事能够同客户达成成交协议的事情，优秀的培训师在从事培训工作伊始，就要从事最能够达成培训效果的事情，等等，直接对准工作目标，会使达成工作目标的时间、精力成本最低，工作效率和业绩最高。

3. 坚持工作目标信念

直接瞄准工作目标，并不等于马上就能实现工作目标，任何一个工作目标的实现，都不可能是一帆风顺的，都会遇到这样或那样的困难和挫折。因此，坚持工作目标信念，要有一种不抛弃，不放弃的执着追求的精神，这是极为可贵的职场情商素质。这种良好的职场情商素质，是实现工作目标最重要的决定因素。既能直接瞄准工作目标，又能坚持工作目标信念，那么实现工作目标就是一个比较容易的事情。

精力：倾注工作本身

在工作中，领悟和践行化繁为简的智慧，就是要求我们要将全部的时间和精力倾注于工作本身，而不游离于工作之外。将时间和精力倾注于工作本身，会使原本复杂、烦琐的工作变得十分简单。这是因为，倾注工作本身使人专心致志投入工作。这种工作行为，极有利于找到复杂工作简单完成，复杂问题简单解决的规律。而在工作中不能专心致志的职场人士，他们工作的心态、思想和思维很复杂，他们的工作也会随之复杂。

日本企业家稻盛和夫说："投注一生的精力在一件事上，且专心致志，不厌其烦地苦干，这种人势必成为众所称颂的'名人''达人'。"人生的时间和精力总是有限的，要想成为职场达人，就必须集中精力、专心致志在一个专业工作领域辛勤耕耘，在追求工作效率和业绩的基础上，在职场上脱颖而出。

我国古代哲学家庄子在其所著的《庄子》一书中有一个"庖丁解牛"的故事。

庖丁替文惠君宰牛，手所触着的地方，肩所倚着的地方，脚所踏着的地方，膝所顶着的地方，都"唰唰唰"地响着，进刀时也发出"哗哗"的声音，没有不合于音节的动作，既合于桑林舞曲的节奏，又适于经首乐章的韵律。

文惠君说："啊！好极了！你的技术怎么能达到这种程度呢？"

庖丁放下屠刀回答说："我所喜好的是道啊，已经超越技术的领域了。我开始宰牛的时候，所见到的没有不是整个牛的。三年之后，我就不曾再见到整个的牛了。到了现在，我是用心神来领会而不是用眼睛去观看，感官知觉停止而意念还是要进行。我依照着（牛身上的）自然的结构，劈开筋肉的间隙，插入骨节的空隙，顺着牛的自然结构去用刀，即便是经络相连的地方都没有一点妨碍，何况大骨头呢？好的厨子一年换一把刀，他们是用刀去割筋肉；一般的厨子一个月换一把刀，他们是用刀去砍骨头。现在，我这把刀已经用了十九年了，所解的有几千头牛了，可是刀口还是如同刚刚从磨石上磨出来一样锋利。”

庖丁解牛的技巧和效果达到了出神入化的程度，庖丁解牛，一生精于解牛，专心致志，最终达到游刃有余的境界。

庖丁解牛的故事启示我们，只要将时间、精力倾注于一项工作本身，那么，就能创造超越常人的工作效率和业绩。美国著名管理学家卡莱尔曾说：“即便是最弱小的生命，一旦把全部精力集中到一个目标上也会有所成就；而最强的生命如果把精力分散开来，最后也将一事无成。”在职场上，集中精力做好一件事情或一项工作，这是提高工作效率和业绩的有益策略。

1. 工作专心致志

以专心致志的态度和行为投入工作，这是提高工作效率和业绩的根本因素。一个人能以专心致志的态度投入工作，有一个重要条件就是使工作欲望和工作目标简单。工作欲望简单了，人在工作时的心态就会充满宁静，而不会滋生浮躁；工作目标简单了，人在工作时就有努力工作的方向感，而不会迷失。有了这两个重要的条件作支撑，极有利于提高工作效率和业绩。

2. 自觉抵制诱惑

在职场上，有的员工工作效率不高，工作业绩平庸的一个重要原因，往往在于不能自觉抵制来自工作之外的种种诱惑，用过多时间和精力关注工作之外的事情，如在工作时，总在想什么时间能加薪，什么时候可以找到自己最喜欢的工作，什么时候能够晋升为经理等。受外界的诱惑越多，越会滋生忧郁、浮躁和急躁的心态，在这种不良心态的影响下，很难做到专心致志地投入工作。

3. 长期坚持不懈

将精力倾注于工作本身，贵在能够长期坚持不懈，能够坚持十年都不算长。庖丁解牛之所以能达到将刀入牛骨的空隙之间，这种游刃有余的工作境界，源于他从事解牛这个职业能做到长期坚持不懈，长期做一件事情，就能将复杂工作简单做，简单工作重复做。如果能将简单工作重复做，那么就能将工作做到极致。对从事一项工作专心致志，并能长期坚持不懈，需要培养坚强的意志力，只有意志力坚强的人，才能将一项工作坚持长期不懈。

精选：找到工作关键

在职场上，有的人习惯于忙忙碌碌，“胡子眉毛一把抓”，什么事情都想做，但什么事情都做得没有效率和业绩，这是个人实现职业发展的一个重要瓶颈。在工作中能找到做好工作的关键，这是提高工作效率和业绩的一个秘诀。工作关键是指在一个工作领域中，能对整个工作开展和创造业绩起到举足轻重作用的工作。俗话说：

“打蛇打七寸”，“说话要说到点子上”，说的就是要找到工作关键。

找到工作关键，就能在整个工作中起到“四两拨千斤”，事半功倍的效果。想找到工作关键，要有在复杂、繁多的工作中精选关键工作的智慧，即在一个复杂工作领域，善于精选出一两个关键工作，投入足够的工作时间、精力、技术和资金等工作资源，最终达成工作目标。放弃众多的非关键工作，这就是简单工作的智慧。

汉代有一位名叫丙吉的宰相，有次他外出巡视，遇到一宗杀人的事件，他没有理会，后来看见一头牛躺在路边不断地喘气，他却立即停下来，刨根问底，仔细询问。随从的人觉得很奇怪，问为什么人命关天的事情他不理会，却如此关心牛的喘气。丙吉说：“路上杀人自有地方官吏去管，不必我去过问；而牛喘气异常，就可能发生了牛瘟或是其他有关民生疾苦的问题，这些事情地方官员一般又往往不太注意，因此，我要问清楚。

在这个故事中，丙吉通过对自己所从事工作的精心选择，从中找到工作关键，把自己有限的时间和精力用于关键工作上。找到工作关键，这折射出丙吉有一种能将复杂工作化繁为简的简单工作智慧。在工作中，要真正做到简单工作，就离不开找到关键工作，关键工作一旦找到了，那么努力做好关键工作，实际上就等同于将工作做好。简单工作并不复杂，只要将工作中的关键工作做好了，就能提高工作效率和业绩。

1. 透彻了解工作

透彻了解工作是找到工作关键的基础，包括对工作全面了解，认识工作各项内容之间的相互关系，完成各项工作所需投入的工作时间和精力，工作的重点、难点在哪里；工作重要问题和次要问题在哪里等。将工作透彻了解之后，关键工作自然就会“浮出水面”。例如，企业招聘主管，要找到工作关键，就要对招聘员工的各项工作进行全部了解，包括调研企业各部门员工需求，各岗位聘用资格和标准，选择招聘形式，求职者面试、选择、甄别与选拔。企业招聘主管，对上述员工招聘工作的领悟透彻了，就不难找到员工招聘工作的关键。透彻了解工作的方法，一是要有耐心。只有沉下心来，才能透彻了解工作。二是要多思考。带着大脑去思考，才能找到潜在工作背后的关键工作。

2. 找到关键工作

找到关键工作是指在透彻了解整体工作，对整体工作各组成部分的要素、重点程度、作用大小等信息进行比较的基础上，最后确定关键工作。找到关键工作的方法，一是要对工作的诸多要素，如工作重要程度，对其他工作制约程度等做出分析、比较，关键工作是在对一项工作中的诸多要素的分析、比较中完成的；二是要征求专家的意见。如何在一项复杂的工作中找到关键工作，我们自己往往并不清楚，正所谓当局者迷，旁观者清。这时就需要借助专家的智慧，征求专家对选择关键工作的建设性意见，聆听他们的建议和忠告，这将有利于找到关键工作。

3. 做好关键工作

找到关键工作是做好关键工作的基础，做好关键工作比找到关键工作更为重要。做好关键工作，要能起到“一发而动全身”的效果，即将一个关键工作做好了，就会为做好非关键工作创造良好条件。做好关键工作的方法，一是集中时间精力。做好关键工作，没有大量时间、精力投入是无济于事的，要将有限的工作时间和精力，投身于做好关键工作之中。二是善于整合资源。善于整合企业内部、外部的人才、技术、资金等资源，只有善于整合资源，充分利用各种资源，才能做好关键工作。

精确：洞察工作要求

将复杂工作简单化，贵在能够精确洞察工作要求，如工作目标要求、工作时间要求，工作质量要求、工作考核标准要求和工作业绩要求等。了解工作要求越明确、越精细，越有利于将复杂工作简单化。然而，很多员工在工作中犹如走进了迷宫，而不知所措，如做研发的，不知道如何开发产品；做营销的，不知道怎样同客户沟通。其原因在于，他们对工作的诸多要求了解甚少，甚至根本就不知道，其结果必然是工作业绩达不到绩效考核的标准和要求。因此，洞察工作要求，这是将复杂工作化繁为简的基本功，对于工作的要求知道了，明确了，弄懂了，就不难找到达成工作要求的路径和方法。

哈佛大学有一个故事，1764 年的一天深夜，一场大火烧了哈佛大学的图书馆，很多珍贵的书籍毁于一旦。这场大火把一个学生推到了风口浪尖。在这之前，这个学生违反图书馆规则，把一位牧师捐的一本书带出馆外，准备读完后再归还。突然之间，这本书成为哈佛捐赠的250本书中的唯一珍本，怎么办？是据为己有，还是承认错误？一番激烈的思想斗争后，他敲开了校长办公室的门，说明理由后，郑重地将书还给了学校，霍里厄克校长接下来的举动令人吃惊，他收下书表示感谢，对学生的勇气和诚实予以褒奖，接下来却把这个学生开除了。原来，哈佛大学的理念是："让校规看守哈佛，比用其他东西看守哈佛更安全有效。"

哈佛大学校长霍里厄克为什么要将违反图书馆规则的学生开除，原因在于如果不对这位违反图书馆规则的大学生进行处罚，就会破坏哈佛大学的理念和校规这个"著"。这个"著"显然是哈佛大学的一个重要要求。这个故事对我们洞察工作需求有智慧的启迪作用。洞察工作要求，是做好工作、提高工作效率和业绩的重要条件。譬如作为企业的招聘主管，在招聘员工时，要了解招聘员工的品德、学历、专业知识和技能等方面的要求。招聘主管对员工招聘要求越了解，则越有利于做好员工招聘工作。

1. 深入分析工作

深入分析工作是洞察工作要求的基本方法，只有深入分析工作，才能找准工作要求。譬如，从事市场营销职业，要想将这个职业做好，就要洞察这个职业工作对自己观念、知识和能力等素质的要求，而要洞察这项工作对自己的要求，就离不开对市场营销工作的深入分析。深入分析工作的方法，一是要深入工作实际。对具体工作要求要进行深入细致的调查研究。二是要深入分析工作。只有深入到一项工作的每个内容、环节和细节，才能全面、准确地了解具体工作要求。

2. 洞察工作要求

洞察工作要求是简单工作的基础，将简单工作做好的秘诀在于，将工作时间和精力用来只做符合和满足工作要求内的事情，而对于不符合和不能满足工作要求之外的不重要或琐碎的事情，要坚决给予“减化”乃至放弃，这是将复杂工作简单化内在的、必然的要求。洞察工作要求就要分析和找到工作达成的目标、质量标准、时间进度、考核指标等要求，根据工作要求，对工作决策、策略和计划等进行精心运筹和布置，在工作中如果各项工作及细节都能满足工作目标、质量标准、时间进度和考核指标等要求，就能提高工作效率和业绩。

3. 践行工作要求

践行工作要求是指将工作按照工作目标、质量标准和时间进度、考核指标等要求做到位，体现简单工作这一特质。将复杂工作简单化，复杂问题简单化的一个重要方法，就是要将工作要求，尤其是工作重要目标、质量标准、时间进度和考核指标等落实到日常工作之中，用最少的时间、精力等成本，创造最高的工作效率和业绩。践行工作要求的方法，一是态度认真严谨。工作要求同工作标准有密切联系，践行工作要求，需要认真严谨的工作态度。二是切实付出行动。行动胜于语言，要将工作要求贯彻到日常工作之中，需要切实付出行动，没有切实付出行动，就谈不上践行工作要求。

精心：善用工作资源

巧妇难为无米之炊，工欲善其事，必先利其器。这里所说的“器”，既可以指工作方法，也可以指工作资源。将复杂工作简单化，要善于借力，即善于借助工作资源，实现工作目标。借力、使力不费力，就能使复杂工作简单完成，复杂问题简单解决，从而提高工作效率和业绩。

有一个大家都很熟悉的故事：一次，爱迪生让助手帮助自己测量一下一个梨形灯泡的容积。事情看上去很简单，但由于灯泡不是规范的圆形，而是梨形，因此计算起来就不那么容易了。助手接过后，立即开始了工作，他一会儿拿标尺测量，一会儿计算，又运用一些复杂的数学公式，可几个小时过去了，他忙得满头大汗，还是没有计算出来。就在助手又搬出大学里学过的几何知识，准备再一次计算灯泡的容积时，爱迪生进来了。他看到助手面前的一叠稿纸和工具书，立即明白了是怎么回事。于是，爱迪生拿起灯泡，朝里面倒满水，递给助手说：“你去把灯泡里的水倒入量杯，就会得出我们所需要的答案。”助手这才恍然大悟：简单就是高效！爱迪生的助手用笨办法计算灯泡的容积，是因为他不善于利用身边的工作资源所致，使原本简单的工作复杂化。

在这个故事中，爱迪生得出计算灯泡容积的方法看似简单，但并不是所有人都有爱迪生这种将复杂问题简单化，复杂问题简单解决的智慧。这能带给职场人士重要的智慧启迪：在遇到工作问题时，应该探究有没有更简单的解决问题的思路、策略和方法。

爱迪生的助手在计算灯泡的容积时，其解决问题的行为是典型的简单问题复杂化，其重要原因，是因为爱迪生的助手没有发现身边的量杯，或者他并不知道量杯是可以用来为计算灯泡容积服务的。这告诉我们，在着手从事一项工作时，要先动脑，想想这项工作能不能用更简单的思路、策略和方法，想想这项工作能不能利用身边的工作资源，而不是急急忙忙去行动，以致白白忙碌了半天，却解决不了任何问题。善用工作资源，能使复杂工作简单化、简单做，从而能使我们高效率工作，达成工作高业绩目标。

1. 发现工作资源

要推进简单工作，必须善于发现工作资源，而不能对工作资源采取视而不见的态度。时下，有的企业销售员通过借助微信、微博营销资源，绕开复杂的营销渠道，直接同终端客户进行交流、沟通，增强客户对企业产品的了解和信任，为提高产品销售业绩注入了新的活力。因此，善于发现工作资源，让工作资源有效发挥作用，能使复杂工作简单完成。发现工作资源的方法，一是要学会观察。在工作中，要做一个有心人，看看工作身边是否有可以利用的工作资源。二是要学会思考。在工作过程中，要多问一下自己，我做这项工作有什么资源是可以利用的，我怎样才能利用这个工作资源。只要我们有一双善于发现工作资源的慧眼，就一定能够利用好工作资源。

2. 整合工作资源

发现工作资源是为了整合工作资源。整合资源是将诸多分散，彼此之间没有任何有机联系的资源，按照某项工作达成的目标，进行有机互补、嫁接和组合在一起，发挥对各种工作资源的整合和聚焦作用。为了有效实现工作目标，需要善于整合工作资源，只要善于整合工作资源，就会使复杂工作简单完成。爱迪生计算灯泡容积，就整合了水、量杯这两个工作资源，使得计算灯泡容积这个复杂工作迅速获得解决。整合工作资源需要学习、掌握和使用各种工作资源互补、嫁接和组合的方法，倘若能学习、掌握和使用这三个方法，就能有效整合工作资源。

3. 使用工作资源

整合工作资源是为了使用工作资源，善于根据具体工作目标、质量和时间等要求，使用好工作资源，这是推行简单工作的一个重要因素。伴随着办公自动化、信息化时代的到来，我们身边的高科技的工作资源越来越多，如电子计算机、各种办公软件的广泛应用，为复杂工作简单完成，复杂问题简单解决提供了广阔的空间。只要我们善于使用这些高科技的工作资源，就会使工作变得越来越简单，工作简单了，必将为提高工作效率和业绩注入新的活力

精辟：从切入点着手

在工作中，将复杂工作简单完成，将复杂问题简单解决，怎样

才能找到简单的工作方法，其中一个重要的思路和方法，就是从工作切入点着手。有一句俗话道："堡垒最容易从敌人内部攻破。"这句话中的"从敌人内部攻破"，就是攻破敌人堡垒的切入点。攻打敌人堡垒，如果能找对这个切入点，那么攻克敌人堡垒就是一个比较容易的事情。工作亦然，解决问题也亦然。工作或解决问题的切入点找对了，那么再复杂的工作都是能简单完成的，再复杂的问题都是能简单解决的。

在一些人的印象中，思维方法总是与复杂联系在一起的。他们凡事总往复杂的地方想，而且以为解决问题的方式、方法越复杂就越好，以致钻进"牛角尖"里无法出来。事实上，学会把复杂工作简单化，复杂问题简单化，这才是一种大智慧。下面这个案例就说明了这个道理。

某大学的一个研究室里，研究人员需要弄清一台机器的内部结构。这台机器里有一个由100根弯管组成的密封部分。要弄清内部结构，就必须弄清其中每一根弯管各自的入口与出口，但是当时没有任何有关的图纸资料可以查阅。显然这是一件非常困难和麻烦的事。大家想尽了办法，甚至动用某些仪器探测机器的结构，但效果都不理想。后来，一位在学校工作的老花匠，提出一个简单的方法，很快就将问题解决了。老花匠所用的工具，只是两支粉笔和几支香烟。他的具体做法是：点燃香烟，吸上一口，然后对着一根管子往里喷。喷的时候，在这根管子的入口处写上"1"。这时，让另一个人站在管子的另一头，见烟从哪一根管子冒出来，便立即也写上"1"。照此方法，不到两个小时便把100根弯管的入口和出口全都弄清了。

在这个案例中，要弄清一台机器中的一根弯管各自的入口与出口是一件复杂的事情，一旦找对了做这个复杂事情的切入点，并在切入点上着手，这个复杂的事情一下子就变得简单了。这就是从切入点着手，将复杂工作简单完成，复杂问题简单解决的奥妙之所在。

1. 精心分析工作

精心分析工作，是找对工作切入点的前提条件。精心分析工作是指对工作的每个因素的相互作用、考核标准以及达到的工作目标，要进行深入了解和思考。没有对工作进行精心分析，就很难找对工作的切入点。找对工作切入点，能使工作事半功倍，对于提高工作效率和业绩具有举足轻重的作用。精心分析工作的方法，一是态度认真。对工作进行分析，要认真分析工作中的每一个要素和环节，没有认真的态度，就很难找对工作切入点。二是用心思考。在复杂工作中找对工作切入点，一定要以用心思考为基础，唯有用心思考，才能找对工作切入点。

2. 把握事物联系

任何事物内部与内部之间，事物内部与外部之间都是相互联系的，把握事物之间的相互联系，有利于在复杂工作中找到复杂工作简单化、简单做的切入点。把握事物联系的方法，一是把握事物联系要全面。既要认识事物内部与内部之间的联系，又要认识事物内部与外部之间的联系，把握事物联系越全面，越能够找对工作的切入点。二是把握事物联系要深刻。在一个事物内部各要素中，哪个要素最能起到主导作用，在一个事物诸多因素中，哪个因素最能使这个事物产生颠覆性的影响等，这些都是把握事物联系深刻的具体体现。把握事物联系越深刻，越能找对工作切入点。

3. 在切入点着手

在复杂工作中，找对了工作切入点，就一定要在工作切入点上着手、着力，直至创造出良好的工作效率和业绩。古希腊科学家阿基米德在一次洗澡时，顿悟金王冠掺假之谜，于是他从金王冠掺假这项研究为切入点，发现了浮力原理这一人类科学史上的伟大成就，在他的科学人生中写下了光辉灿烂的一页。从找对工作切入点着手，要有执着坚持的信念，而不要见异思迁，倘若将找对的工作切入点抛弃或放弃，那么原本可以简单解决的问题，就会重新回到复杂问题的轨道中，从而加大了解决问题的难度。

精简：简化制度流程

在企业管理中，管理制度和流程，都是企业管理重要的工具或手段，其目的是提高企业管理的效率和业绩。但是，我们应当知道，并不是所有的企业管理制度和流程都能起到提高企业管理的效率和业绩的作用。在企业管理实践中，简单的管理制度和流程有利于提高企业管理的效率和业绩；而复杂的管理制度和流程，则是提高企业管理效率和业绩的隐形敌人乃至杀手，这绝非危言耸听。

简单、清晰的制度比复杂、模糊的制度要好。总部设在华

> 盛州西雅图的诺德斯特龙商店，排斥烦琐的员工政策，以下是诺德斯特龙百货商店员工手册全文：我们很高兴你能来我们公司工作。我们的第一目标是提供出色的客户服务；请制定你的个人目标和职业目标；我们坚信你有能力实现自己的目标。
>
> 简单、清晰的流程比复杂、模糊的流程要好。美国戴尔公司成功的秘诀在于发明了直销模式，也就是名震世界的“戴尔模式”。戴尔模式的成功运作，源于戴尔公司简化了管理流程，其生产、销售管理流程是戴尔接单生产，是工厂在接到客户订单后才开始生产，与其配合的零部件供货商也是接单生产，等供货商交货后，戴尔立即开始组装，并在装箱完毕数小时之内就运送出去，这套流程能压缩接到订单至出货的时间，并让戴尔与供货商的存货都减到最少，和对手相比，戴尔的客户更能及时享有最先进的产品。

戴尔模式的实质是简化了电脑产品销售的流程，产品的销售直接面对终端客户。管理流程简化了，企业生产、销售工作的效率和业绩就会随之提高。戴尔模式的成功，是戴尔简化管理流程的成功。精简是指对所有工作方法、步骤都应当尽量精当简易。在企业管理领域，要推崇精简理念，就是要对那些阻碍提高企业管理效率和业绩的制度、流程进行简化乃至删除，以提高企业管理的效率和业绩。

1. 评估制度流程

评估制度流程是指对企业管理制度、流程在提高企业管理效率和业绩中的作用，进行全面、客观和科学的评估。对企业管理制度、流程进行评估的目的是及时发现企业管理制度、流程存在的有碍于提高企业管理效率和业绩的诸多问题，如企业管理制度和流程复杂、冗长、重叠，尚难以理解、记忆等，然后针对其问题进行及时修改和完善。对企业管理制度、流程删繁就简，使其符合简单化、清晰化和简洁化的要求，最终成为一个有利于提高企业管理效率和业绩的管理制度、流程。

2. 简化制度流程

简化制度、流程是指将企业管理制度、流程删繁就简，使其达到简单化、清晰化的一项重要工作。简化制度、流程的关键是将企业管理制度、流程删繁就简，将复杂、繁杂的制度、流程统统删除，如可要可不要的制度、流程；与其他制度、流程相重叠、相矛盾的制度、流程；模棱两可，可能产生歧义的制度、流程；让员工难以理解、记忆和执行的制度、流程等；经过化繁为简的制度、流程，能使企业管理制度、流程“轻装上阵”，在提高企业管理效率和业绩中发挥应有的引导、规范和约束作用。简化企业管理制度、流程，要认真征求企业管理专家的意见，汲取他们对企业管理制度、流程的修改、完善的建议，将有利于对制度、流程的删繁就简达到预定的工作目标。

3. 执行制度流程

有了简单、清晰的制度、流程，并不等于就能起到提高企业管理效率和业绩的作用。有了化繁为简的企业管理制度、流程，还需要对制度、流程的有效执行。执行简单、清晰的企业管理制度、流程的关键在于，要对制度、流程的落实状况进行检查、督促。在企业实际管理工作中，员工往往不会做管理者期望的事情，而只会做一些管理者需要进行检查、监督的事情。管理者经常对员工执行管理制度、流程状况进行检查、监督，就能有效约束员工无视，甚至违背管理制度、流程的不良工作行为，增强员工对管理制度和流程的敬畏感。因此，对企业管理制度、流程的落实状况进行检查、监督，这是保障管理制度、流程执行到位的核心工作环节，其作用绝对不可小视。

精明：找准问题症结

在职场上，工作总是与问题相伴相随，难免会遇到问题，有了问题就需要尽快有效解决，如果不能做到这一点，就会使问题扩大乃至恶化，导致小问题酿成大问题。如何提高解决问题的效率和业绩，需要对复杂问题简单化。对复杂问题删繁就简的一个重要方法，就是要找到问题的症结。问题的症结是导致问题产生或形成的核心要素。问题的症结一旦找到了，就会寻求解决问题的思路、方案和方法，使问题的解决变得事半功倍。中国历史上诸多解决问题的故事值得我们研读。

东汉末年，有一个杰出的医学家叫华佗，他的医术高明。

有两个病人，一个叫李延，另一个叫倪寻，都得了头痛发热病，找过很多医生也没有治好，于是来找华佗。

华佗经过细心诊断，给他们各开了一个药方。给李延开的药方是发散药，给倪寻开的药方是泻药。他们俩一看，心里就嘀咕起来：都是一样的病，怎么用药完全不同呀？便问华佗这是什么道理。

华佗说："吃药要看具体情况。你们症状相同，可是得病的原因却不同。倪寻的病是从内部伤食引起的，李延却是由于外部受寒造成的。病因不同，当然用药就不能相同了。"两人听了，便放心服药，病果然很快好了。

上述讲述的是华佗通过诊断患者的病症，解除患者的痛苦，彰显其高明医术的故事。其中华佗诊断患者病症的道理和方法，同解决问题的道理和方法并没有什么本质区别。医生通过诊断患者的病症，解除患者的痛苦，需要对症下药，那么，我们在解决问题过程中，同样需要对问题产生的原因进行诊断，依然需要"对症下药"，即针对具体工作问题进行具体分析，然后提出解决具体工作问题的思路、方案和方法。在复杂问题中，找准问题的症结，这是化繁为简，将复杂问题简单解决的一个重要方法。美国苹果公司前 CEO 乔布斯说："当你着手解决一个问题的时候，前期的方案通常是很复杂的，很多人会因此放弃。但是，如果你能坚持下去，接受问题的存在，层层深入，等待你的往往是一个简洁美观的方案。"只要找准工作问题的症结，就能实现复杂问题简单解决。

1. 研究问题症结

研究问题症结的目的是为了准确定位问题的产生原因，任何工作问题的症结，往往不会自动暴露出来，完全呈现在我们面前，它更多的是需要我们对问题的现状和产生的根本原因进行深入调查、分析和思考，从工作问题的整体到局部，从工作问题的表象到本质，从工作问题的发生到形成等，对其进行深入调查、分析和思考，就能找准问题的症结，为复杂问题简单解决奠定良好的基础。研究问题症结的方法，一是要深入调查。要了解问题的现象和本质，只有通过对问题的深入调查，才能得出科学的结论。二是要全面分析。只有对问题产生的原因进行全面分析，才能最终找准问题的症结。

2. 简化解决方案

研究问题症结的目的是为了有效地简化问题。将复杂问题简单解决，需要简化解决方案。解决问题的方案越简单，解决问题的效率和业绩就越高；反之，如果问题解决的方案过于复杂、烦琐，就会使原本简单的问题变得复杂，即简单问题复杂化。将简单问题复杂化，是化繁为简、解决问题的大敌。简化问题解决方案，要在针对解决具体工作问题“对症下药”上下功夫，把问题产生的根本症结找对了、找准了，解决问题的思路、方案和方法自然就会简单。

3. 有效解决问题

倡导和推行复杂问题简单解决的目的是为了有效地解决问题。有效解决问题比研究问题症结，简化解决问题方案更重要。有效解决问题的方法，一是要选拔解决问题的责任人。要能选拔到找准问题症结，制定简单问题解决方案的人员担任解决问题的责任人。二是执行解决问题方案。有效解决问题，需要提高解决问题的执行力，如解决问题方案的执行力等，有了解决问题的执行力，就能将解决问题的思路、方案和方法不折不扣地实施到位。

精髓：善用简单思维

在工作中，认识和解决任何一个问题，都离不开应用思维这个工具，解决问题有复杂思维和简单思维，将复杂问题简单化，使问题简单解决，需要应用简单思维。简单思维是一种对问题信息的精心提炼，从而准确认识和剖析问题的本质，通过将一个大问题中的诸多小问题进行归纳、甄别和剔除，简化为一个相对简单的主要问题，从而针对这个主要问题提出解决的思路、方案和方法，最终使一个看似复杂的问题得到有效解决。

有这样一则故事值得分享。美国一家报纸曾举办过一次有奖征答活动，题目是，在一个充气不足的气球上，载着3位关系世界命运的科学家，分别是环保专家、核电专家、粮食专家，此刻气球即将坠毁，必须丢出去一个人以减轻载重，使其余的人得以存活，请问丢下哪一位科学家？每个参加有奖征答活动的人都竭尽所能阐述必须丢下某位科学家的充分理由。有的人说要留下粮食专家，人类粮食生产很重要；有人说要留下环保专家，没有环保专家，人类就会失去美好家园；有人说要留下核电专家，开发核电能源很重要。最后答案揭晓，获奖的是个小男孩，他的答案极其简单：将最胖的那位科学家丢出去。事情原来如此简单，但一些人把它复杂化了。

小男孩获奖的原因，完全是因为他用的是简单思维，他并不考虑和权衡环保、核电、粮食专家谁对人类最重要，谁对人类不重要，而只思索丢下哪一位科学家能否减轻气球的载重这个关键问题，于是就得出了将最胖科学家丢出去的答案。从这个故事中不难看出，简单思维比复杂思维更容易分析本质问题和解决本质问题。而将简单问题复杂化，这是影响、制约提高解决问题效率和业绩的大敌。对此，我们应当引起足够的重视。

1. 摒弃主观臆断

我们对任何问题的观察、分析和思考，往往会打上个人主观意识的烙印。观察、分析和思考问题如果掺杂主观意识，就会产生主观臆断，而一旦对问题观察、分析和思考有主观臆断行为和习惯，那么，就会使原本简单的问题顿时变得复杂起来。在观察、分析和思考问题的过程中，就问题本身进行观察、分析和思考，这就是简单思维，而掺入主观臆断或戴着有色眼镜观察、分析和思考问题，这就是一种复杂思维，而这种复杂化思维极不利于客观分析和解决问题。其负面作用表现在容易对问题做出错误的分析和判断，对问题一旦做出错误分析和判断，将会直接导致解决问题的失误。

2. 抓住问题本质

抓住问题的本质，就等于抓住了问题的“牛鼻子”。善于抓住问题本质，这是简单思维能力优秀的一种表现，这种简单思维能力主要表现在能够对问题分析由表及里、由此及彼、由浅入深、去伪存真、去粗取精，通过对问题从外部到内部，从浅层到深层，通过层层剥笋的分析方式，逐渐探寻问题的本质。问题的本质一旦抓住了，那么任何复杂的问题就能迎刃而解。在上述故事中，小男孩回答“将最胖的那位科学家丢出去”，就是抓住了气球即将坠毁，必须丢出去一个人以减轻载重这个问题的本质。在工作中，能抓住问题本质的职场达人，一定是善用简单思维者。

3. 简洁语言沟通

语言是思维的载体，用复杂的语言，还是用简单的语言对问题进行分析和表述，其效果是绝然不同的。应用简单思维分析、解决问题，需要用语言进行沟通，如沟通解决问题的思路、方案和方法等，以达成领导和员工对分析、解决问题的统一思想和统一认识。对解决问题的思路、方案和方法进行沟通宜简单、简洁，不要复杂、烦琐。简单语言沟通，要学会将复杂沟通简单化、简洁化，简明扼要、言简意赅的语言沟通，既能体现沟通者的良好素质，又能彰显简单沟通思维的魅力，有利于减少乃至避免在分析、解决问题过程中产生的歧义、摩擦和矛盾，从而极大提高解决问题的效率和业绩。

精粹：善列工作清单

在职场上，每个人的时间、精力总是有限的，用不同的时间、精力去从事同样的工作，其工作效率和业绩是大不一样的。做一项重要工作或做一项无关紧要的工作，其工作的先后顺序不同，其工作效率和业绩也是大不一样的。

要集中时间和精力做重要的事务，就要排除次要事务的羁绊，如果一个企业领导者在工作过程中，经常被一些次要事务所干扰，那么就会阻碍其用有限的时间和精力做最有价值的工作。因此，根据事情的轻重缓急，善列工作清单，是精简工作的一个重要方法。善列工作清单的作用包括：使你免于担心是否忘记什么是重要的事情；做重要工作时没有一个截止时间，以免耽误要事，监督重要工作能如期完成；使自己从容地按工作计划履行职责并完成工作。

美国伯利恒钢铁公司总裁理查斯·舒瓦普，曾经为自己和公司的低效率而忧虑，于是向效率专家艾维·利寻求帮助，希望艾维·利能教给他一套思维方法，告诉他怎样才能在短短的时间里完成更多的工作。

艾维·利说："好吧！我十分钟就可以教你一套至少提高效率50%的最佳方法。把你明天必须要做的最重要的工作记下来，按重要程度编上号码。最重要的排在第一位，以此类推。早上一上班，立即从第一项工作做起，一直到做完为止。然后用同样的方法对待第二项工作、第三项工作……直到你下班为止。即使你花了一整天的时间才完成了第一项工作，也不要紧。只要它是最重要的工作，就坚持做下去，每一天都要这样做。在你对这套方法的价值深信不疑之后，让你公司的人也按照这套方法去做。这套方法你愿意尝试多久就尝试多久，然后给我寄张支票，并填上你认为合适的数字。"

舒瓦普认为这个思维方法非常有用，很快就填了一张25000美元的支票给艾维·利。舒瓦普后来坚持使用艾维·利教给他的这套方法，于是五年后，伯利恒钢铁公司从一个鲜为人知的小钢铁厂一跃成为最大的不需要外援的钢铁生产企业。舒瓦普对朋友说："我和整个团队始终坚持挑最重要的事情先做，我认为这是我公司多年来最有价值的一笔投资！"

由上述这个故事引申出的一个知识点，就是善列工作清单是时间管理的一个重要内容，一个在工作中善列工作清单的管理者，一定是将复杂工作简单化的人。

1. 认知工作轻重缓急

认知工作轻重缓急，就要认同工作分清轻重缓急的价值，并对工作轻重缓急有客观、科学和明确的评价标准，知道什么事情重要，什么事情不重要，什么事情是紧急的，什么事情是可以延迟的，知道完成一项重要或紧急工作需要用多少时间等。能够认知工作轻重缓急，这是列出轻重缓急工作清单的基础，没有这个基础，就很难列出轻重缓急工作清单。

2. 列出轻重缓急清单

列出轻重缓急清单是指对每周或每天的工作内容根据其轻重缓急程度进行权衡和排序。具体来说，必须对每周或每天需要做的工作列一个清单，将每一项工作按轻重缓急进行排序，重要的事情列在第一位；既重要又时间紧迫的事情排在第二位；第三位是重要，但时间不紧急的事情；第四位是既不重要，又不紧急的事情。这是对每周或每天工作，列出轻重缓急清单的基本思路和判断标准。对每周或每天的工作，根据其轻重缓急程度，善列一份工作清单，就要求我们学会用最宝贵的时间和精力做最重要的事情，以提高工作效率和业绩。

3. 执行轻重缓急清单

按照工作轻重缓急列出工作清单，有计划、有目的地开展工作，这是提高工作效率和业绩的重要方法。思路好，方法好，还须执行好。执行轻重缓急清单的方法，一是要严格遵守。绝不随意更改工作轻重缓急清单的先后顺序。二是要专心致志。在做重要工作时，要婉言谢绝他人干扰，在预先设定的特定时间内完成特定的重要工作。三是要培养习惯。坚持每周或每天按工作轻重缓急的顺序开展工作，使执行工作轻重缓急清单的工作行为逐渐形成一种良好的工作习惯。培养这种良好的工作习惯，无疑是最有价值的事情。

精当：掌握沟通精髓

工作离不开沟通，工作沟通无所不在，演讲、研讨问题、请示领导、汇报工作、打电话、发电子邮件和发微信等，这些都属于沟通。学会沟通，掌握沟通的精髓，这是每个职场人士应具备的重要职业素质。沟通贵在精当，即沟通的内容精练，切中要害，表达简洁，能使沟通双方在沟通的思想、观点和方法等领域达成共识，谁能按照以上四个标准进行沟通，谁就具备了良好的沟通职业素质。精当的沟通能创造组织良好的沟通氛围，使组织信息在内部和外部迅速、准确和有效交流与传递畅通，促进企业管理者和员工工作效率和业绩的提高。那些精当的沟通故事，总能让我们回味无穷。

1936 年 10 月 19 日，上海各界人士举行鲁迅先生公祭大会，著名记者、出版家邹韬奋代表新闻出版界发表演讲："今天天色不早，我愿用一句话来纪念先生，许多人是不战而屈，鲁迅先生是战而不屈。"邹韬奋不愧是文化名人，出语不凡，仅用一句话，通过巧换词序高度概括和赞扬鲁迅先生坚忍执着的战斗精神，被人誉为"最具特色的演讲"。

1984 年 7 月 17 日，37 岁的法国新总理洛朗·法比尤斯在总理官邸的草坪上宣誓就任，并发表演讲："新政府的任务是国家现代化，团结法国人民。为此要求大家保持平静和表现出决心。谢谢大家！"说完，转身回办公室去了。一个大国的政府首脑就职演讲如此简单，的确出人意料，令人惊讶，但它紧扣演讲者的身份，反映了鲜明的主旨，从中可见这位年轻的新总理务实干练的工作作风。

这两个精彩演讲的故事可谓精当沟通的经典之作，表达简明扼要，通俗易懂，言简意赅，同沟通对象能达成思想、观念和观点共识。要提高沟通素质，无不需要掌握沟通精髓，一旦掌握沟通精髓，会使复杂沟通简单化。能将复杂沟通简单化，必将有利于把复杂工作简单化。这是因为，沟通复杂往往会导致工作复杂，而沟通简单，常常会使复杂工作简单。

1. 提炼沟通内容

精当而简单的沟通，要以提炼沟通内容为基础，是从对复杂沟通内容的提炼而来的。提炼沟通内容，是对复杂、繁多的沟通内容，经过分析、甄别、剥离和取舍四个环节，去粗取精，删繁就简，把真正需要沟通内容的精华提炼出来，使沟通的内容能达到言简意赅、言必有物的标准和效果。因此，提炼沟通内容，是做到精当沟通的一个有效方法。提炼沟通内容的方法，一是要分析沟通内容。哪些沟通内容要增，哪些沟通内容要删，需要对沟通内容进行分析。二是要提炼沟通内容。即对沟通内容的去粗取精，删繁就简，提炼沟通内容，要提高对沟通内容的取舍能力。取其简单，舍其复杂，就能将复杂沟通简单化。

2. 提高沟通品质

沟通的品质包括讲真话，不讲假话，去伪存真；讲实话，不讲虚话，去虚取实；讲直话，不讲“弯”话，去“弯”取直；讲短话，不讲长话，去长取短。沟通品质的精髓，在于讲真话、讲实话、讲直话、讲短话。在实际工作过程中，有的职场人士沟通为什么难于达成共识，其根本原因在于有的员工热衷于讲假话、讲虚话、讲“弯”话、讲长话，使彼此间的沟通变得异常复杂，如猜疑、防范等，沟通异常复杂的结果必然导致沟通双方难以相互理解和信任。因此，提高沟通的品质有利于提高沟通的质量，沟通的质量一旦提高了，就会有利于提高工作效率和业绩。

3. 表达言简意赅

语言是描述事物或思想、思维的重要载体，人际间的沟通往往具有不完整、不准确和被扭曲的特征，这种沟通特征，又因人际间复杂、繁杂的沟通方式而凸显，不但加大了人际间沟通的难度，而且从沟通内容（思想、观念、观点和方法等）和理解程度而言也是困难重重。因此，语言表达言简意赅就显得至关重要。言简意赅，即用简单的语言将所表达的思想、观念、观点和方法等高度概括，让沟通双方彼此理解，并达成共识。在沟通过程中，无论是用口语，还是用书面语交流，都能做到言简意赅，简明扼要，用词准确、简洁，避免言不及义、言之无物和词不达意的沟通现象。表达言简意赅，是掌握沟通精髓、实现良好职业素质的一种表现。

精确：汇报简明扼要

每个员工在工作中向上级领导汇报工作，这是员工的一项基本职责，而如何让领导听得懂、看明白你的工作汇报内容及精华，这就有一个工作汇报能力的问题。优秀的工作汇报能力，能将工作汇报的内容简明化和简洁化，并能做到简明扼要、言简意赅。我们的大脑在接触多个信息的时候，只能消化和记住少量的信息，因此，长篇累牍的工作汇报，会降低工作汇报的质量和沟通的效果。

真正成功的工作汇报在于清楚而正确地传达工作信息，创造沟通与对话的机会，进而让对方因为你的工作汇报内容、传递信息而改变思想、思维、决策或者行动。因此，员工向上级领导汇报工作的重点不在于工作汇报的内容，而在于沟通的质量。你不仅是向上级领导汇报工作，而且是要引发上级领导与你的对话，试图影响上级领导的思想、思维和观点乃至所要做的决策或决定。员工在做任何形式工作汇报之前，必须遵循以下三个原则：一是希望领导听完工作汇报之后记得哪些重点，二是对方会有什么样的感受，三是你希望领导听完工作汇报之后会做出什么样的决定。

美国宝洁是运用简单秘诀而跻身强者之列的公司。其成功的秘诀是，从众多的意见中选出事实，将其浓缩在一页纸上。宝洁的标语是——“一页备忘录”。这“一页备忘录”的内容也包括工作汇报。

总裁理查德极其厌恶任何超过一页的备忘录。如果他收到超过一页的备忘录，就会立刻将其退回去。并在备忘录上写道：“把它精简成我想要的东西！”如果备忘录过于复杂，他还会加上一句：“我不理解复杂的问题，我只理解简单明了的！”对此，他的解释是：“我工作的一部分就是教会他人如何把一个复杂的问题简化成一系列简单的问题，只有如此，我们才可以更好地进行下面的工作。”

美国宝洁公司的“一页备忘录”文书管理理念，同简单管理的简明、简洁的理念是非常吻合的。员工向领导撰写工作汇报这种文书，也要借鉴宝洁公司的议价与经验，使工作汇报成为领导下属员工工作的桥梁和纽带，而不要成为领导管理工作的累赘和负担。

1. 掌握汇报类别

员工向上级领导汇报工作有类别之分，有完成任务的工作汇报、有陈述问题的工作汇报、有工作感悟的工作汇报、有给领导提建议的工作汇报等。不同工作汇报类别的内容、重点、格式、表达方式和技巧等所要达成的沟通效果是完全不同的。因此，掌握工作汇报不同的类别，对于提高工作汇报的效果至关重要。掌握工作汇报的类别，关键在于把握它们不同的关键点，具体来说就是，完成任务工作汇报的关键在于陈述结果；工作问题汇报的关键在于表达问题事实；工作感悟汇报的关键在于分享收获；给领导提建议工作汇报的关键在于要提交问题解决的方案。根据工作汇报的关键，就能将工作汇报做到简明化和简洁化。

2. 精练汇报内容

员工向上级领导汇报工作，要做到简明扼要。简明扼要是指要精练工作汇报的内容，要将复杂、繁多的工作汇报内容条理化、简明化、简洁化和数据化，这就需要在研读工作汇报内容的基础上，去粗取精，不断进行提炼，这样才能使工作汇报的内容言简意赅，让领导能快速读懂下属员工工作汇报的目的和意图，让领导一目了然，一览无余。精心提炼工作汇报内容，使工作汇报从复杂化到简单化。这应当成为训练管理者和员工的一门重要功课。

3. 达成汇报效果

精练汇报内容是为了达成工作汇报的效果。能否达成工作汇报的效果，这是员工向上级领导汇报工作的关键。提高工作汇报效果的方法，一是整理工作汇报思路。这包括向上级领导汇报工作以什么工作为主线，什么该讲，什么不该讲；什么应该详细讲，什么应该简略讲等，都要有一个清晰的思路，避免思路的复杂和模糊。二是工作汇报用词准确。员工向上司领导汇报工作，无论是书面语，还是口头语，其用词都要力求准确、简洁，忌词不达意。员工善于应用这两个向领导汇报工作的方法，有利于达成双方沟通的效果。

精细：做好 5S 管理

办公桌、文件柜整洁、整齐、有序的视觉美感，这种良好办公环境，能增加简单工作氛围，办公氛围简单，有利于工作效率和业绩提高。5S，即 Seiri（整理）、Seiton（整顿）、Seiso（清扫）、Seikeetsu（清洁）、Shitsuke（素养）这五个英文单词首个字母的缩写。企业开展以整理、整顿、清扫、清洁、素养为内容的活动，通常被称为5S 管理活动，推进 5S 管理，将会使工作简单，并能提高工作效率和业绩。日本有的企业提出这样的口号，效率和安全始于整理，通过整理可以达到，一是改善和增加作业面积；二是工作现场无杂物，行道畅通，提高工作效率，减少磕磕碰碰的发生，保障安全，减少操作中由于乱放、混放等引起的差错事故。同样的工作或生产空间，放置东西的先后顺序和空间位置不一样，其工作效率和业绩就会大相径庭。

据美国一家机构对 200 家大公司职员的调查，公司职员每年都要把 6 周时间浪费在寻找乱放的东西上面，这意味着他们每年要损失 10%时间对付这个时间“窃贼”，因乱放东西浪费了宝贵的时间和精力，可见 5S 管理至关重要。

美国工作效率研究专家戴维·艾伦说：“请整理一下办公室的工作篮，清理一下电子邮件，或整理一下办公桌的抽屉。不管怎样，你一定要有时间去做。”可见，美国工作效率研究专家戴维·艾伦也是非常重视5S管理的。

美国汽车公司总裁莫瑞要求秘书给他呈递文件放在各种颜色不同的公文夹中，红色的代表特急；绿色的要立即批阅；橘色的代表这是今天必须注意的文件；黄色的则表示必须在一周内批阅的文件；白色的表示周末须批阅；黑色的则表示是必须他签名的文件。这种文件简单的管理方式，会使领导者对不同的文件进行精心处理，从而提高工作效率和业绩。

推进5S管理，会使工作变得简单、高效。对办公室进行整理，将电话机、备忘录、记录本、文件夹、铅笔等放在使用最方便的地方；对文件柜进行整顿，对各种文件进行分类，贴上标签，以利于在工作中随时进行查询；对电脑存储器进行清扫，将不同的文件进行分类管理，对不需要的文件予以删除；对电子邮件进行清洁，将过期或垃圾邮件予以删除。5S管理是推进简单工作有效的管理工具，值得我们广泛应用。掌握5S管理工具的目的，是为了提高工作效率和业绩。

1. 领悟5S真谛

5S管理通过整理、整顿、清扫、清洁和素养五个要素推进企业管理进步，其实质是推进管理的简单化、简约化，提高工作效率和业绩，这是企业实施5S管理的真谛。5S管理不能流于形式，成为一个徒有虚名的形式和过场，这种不良的5S管理现象应当引起企业管理者高度警惕。企业管理实践表明，只有领悟5S管理的真谛，才能将5S管理真正落到实处。只有将5S管理真正落到实处，才能有效提高工作效率和业绩。

2. 定期对照检查

5S管理标准是员工工作行为重要的规范，5S管理细则是员工工作作业的指导书，因此，企业要将员工执行5S管理工作过程和结果定期进行对照检查，并对定期检查结果进行总结、评估和表彰。大力表彰执行5S管理的优秀员工，对于因拒绝执行5S管理并使企业遭受经济损失的员工，要依据具体的管理制度，进行严肃批评和相应经济处罚，不断将5S管理及其行为规范落实在员工日常工作行为之中。

3. 培养良好习惯

培养良好的工作习惯是我们获得职业成长和发展的核心因素。良好的工作习惯是个人最有价值的无形资产。培养良好的工作习惯，会使我们受益一生。做好5S管理的关键在于培养员工良好的工作习惯，如对生产（工作）环境进行清扫，对办公桌和办公文件进行整理等。遵循5S管理的整理、整顿、清扫、清洁和素养的行为规范，通过培训、训练、检查和监督等管理方式，逐渐上升为员工的一种良好工作习惯。这种良好工作习惯一旦养成了，就能极大提高工作效率和业绩。

精湛：工作精益求精

在职场上，精湛的工作技能是提高工作效率和业绩的必由之路。技能精湛是员工在工作中追求技能精益求精的结果，而员工的工作技能要想达到精湛的水平，就需要去繁就简，将复杂工作简单化，简单工作重复做，将重复工作做到极致，这是工作技能精湛的一个基本规律。推崇复杂工作简单化、简单做的根本目的，是为了将工作做到精益求精，创造优秀的工作业绩。

刘谦，1976 年出生于台湾高雄，7 岁开始自学魔术，12 岁获得台湾青少年魔术大赛金奖。大学时，刘谦就读于台湾名校东吴大学的日语系，大学毕业后，他曾去很多大的日本企业应聘，都被拒绝了，他想，与其这样四处碰壁，不如当魔术师吧。1998 年，他开始出国比赛，被国外的经纪人看中，去各国表演。随后他还在电视台做了《魔星高照》的节目；2009 年，可以说是刘谦人生的转折点。春晚上，这位来自台湾的年轻魔术师，以长达 8 分半钟的近景魔术《魔手神彩》让亿万观众认识了他。他精湛的魔术技艺，来自他对工作精益求精高远目标的不懈追求。他说："我一旦决定要做一件事，就一定要做到顶尖。同时，我也相信，如果你想要做到顶尖，你就必须要异于常人。不光你做的事情要不一样，你的想法、做法，包括你的意志都要完全不一样。"2012 年他获得世界魔术最高奖"年度魔术师奖”。他也是第一位受邀在美国拉斯维加斯举办个人专场售票演出的亚洲魔术师。

工作技能精湛，这是职业技能优秀的一种表现。在职场上，每一个员工都应当追求技能精湛的职业素养。工作技能精湛源于员工在工作中具有追求精益求精的敬业精神。精益求精的敬业精神是提高工作技能精湛的根本因素。刘谦之所以能够成为一代魔术师，是因为他的魔术技能精湛。分析刘谦的成功，我们可以概括为，他在魔术表演上的精益求精，源于他将复杂的魔术表演简单做，并且做到了极致。

1. 复杂工作简单做

将复杂工作简单做，要有正确的认知。将复杂工作简单做，并不是让大家在做工作的时候，不去考虑工作复杂性，以及工作的挑战性，更不是要求大家将复杂工作给予“简化”，甚至放弃，如果有上述这种认知，就会陷入将复杂工作简单做的认识误区。将复杂工作简单做，就是要以敏锐的观察和思考，深刻了解工作内部与外部各种错综复杂因素的影响、制约关系，通过对复杂工作的认真分析、研究，找到其客观规律。将复杂工作简单做，实际上是一种找准工作关键、事半功倍的工作方法，有利于提高工作效率和业绩，值得在工作中推广应用。

2. 简单工作重复做

在工作中，要想把工作效率和业绩做到顶级水平，那么将简单工作重复做，这是一个最简单和最有效的方法。无论是从事什么职业，如科学家、技术工人、魔术师等，其具体工作既是复杂的，更是简单的。科学家每天需要复重做一项科学实验，技术工人需要每天重复操作一台生产设备，魔术师每天需要重复一个魔术项目训练。只有将简单工作重复做，才能总结和掌握简单做好工作的规律和方法，通过做无数次工作的“熟”，而最终达到工作“巧”的水平和境界。简单工作重复做并不是一件容易的事情，而需要培养坚强的毅力。每天重复简单的工作，会滋生单调、枯燥、厌倦的不良工作情绪，倘若没有坚强的毅力，是很难将简单工作重复做的。

3. 重复工作做极致

重复简单工作，并将其做到极致是指以宁静、淡泊的工作心态和对工作认真、负责的敬业精神，将工作业绩达到极致的水平。将重复工作做到极致的方法，一是要建立宁静、淡泊的工作心态。宁静、淡泊的工作心态是一种良好的心理素质。有了这种心理素质，就能战胜因做重复工作而滋生的单调、枯燥、厌倦的不良工作情绪。二是要培养认真、负责的精神。对工作兢兢业业，敢于担当，就是对工作认真、负责的敬业精神的具体表现，对工作精益求精，一定是以认真、负责的敬业精神为基础。没有对工作认真、负责的敬业精神，是不可能将日常工作做到极致的。

第六章

化繁为简：高效不在细而在于简

简化目标——“多”往往是累赘

工作目标是指引我们工作方向的明灯，是我们努力拼搏的动力，但最有价值的目标永远是简单的，而不是复杂的；永远是单一的，而不是多维的。复杂和多维的目标往往是累赘，其负面作用，一是复杂、多维的目标往往带给人困惑和迷茫，让人不知所措，人会因为目标多而“歧路亡羊”；二是复杂、多维目标分散了人有限的时间、精力、专业知识和经验积累等，使人们因复杂、多维而达不到目标。目标多往往是累赘，这个观点值得大家高度重视和认同。

有不少应届大学生在职业选择中，常常会遇到诸多抉择，如权衡就业与专业的关系，就业与薪酬的关系等，如果犹豫不决、举棋不定，那么就极有可能错过宝贵的求职、就业的机会。而解决这一问题的一个有效方法就是在目标选择问题上删繁就简，简化到只有一个简单、单纯、清晰的目标为止。

企业产品发展目标选择也是如此。美国苹果公司创始人乔布斯说：“我们仔细分析了新产品的发展路线，然后砍掉了其中的70%，只保留了那30%的精品。”保留了30%的精品产品，使苹果公司成为世界上智能手机领域的开拓者和佼佼者。任何工作目标的选择和实现，都是有所为和有所不为的统一，选择有所为的工作目标，放弃那些不能或难以实现的有所不为的工作目标，这是简化工作目标的一大智慧。

1. 评估工作目标

工作目标的复杂与简单，对于达成目标具有深远的影响，因此对工作目标的评估就显得至关重要。评估工作目标是对目标设置的科学性、合理性和可操作性进行科学分析与论证。对工作目标进行评估，这是简化工作目标的基础，它能为简化工作目标提供科学依据。简化工作目标不能凭主观好恶随心所欲进行，盲目、随意简化工作目标，会使确定的简化工作目标复杂化，而经过科学分析与论证所确定的简化工作目标及设置，无疑将有利于工作目标的实现。

2. 简化工作目标

简化工作目标是确定工作目标的一个重要方法，是对工作目标确定前的删繁就简，使工作目标从复杂走向简单，从繁多走向单纯。删繁就简重在一个“删”字，即在做“减法”上着手、着力。将工作化繁为简，实际上是对复杂或简单工作的一种选择。删除复杂，选择简单；删除繁多，选择单纯；删除模糊，选择清晰。删除复杂、繁多和模糊的工作目标，选择简单、单一和清晰的工作目标，这种被简化之后的简单工作目标，将有利于提高工作效率和业绩。工作效率和业绩一旦提高了，实现工作目标就是水到渠成的事情了。

3. 执行简单目标

通过简化工作目标，选择和确定简单工作目标，并不等于简单的工作目标马上就能实现，世界上永远没有这样轻而易举的事情。实现简单工作目标的关键在于执行，即在实施过程中将简单工作目标进行分解，化整为零，然后个个击破，将其各项工作目标落实到位并达成工作业绩目标。执行简单的工作目标需要定力，这包括对实现工作目标的信念坚定不移和坚持不懈，一旦有了实现工作目标的定力，达成工作业绩目标就不是一件困难的事情。

简化思维——直接解决问题

在工作中要提高工作效率和业绩，总是要同解决工作中的问题结下不解之缘，而要解决问题，需要应用简单思维方法。简单思维能将复杂问题简单化，复杂问题简单解决；应用复杂思维，能将简单问题复杂化，复杂解决问题。提高解决问题的效率和业绩，我们要选择前者而不是后者。面对和解决复杂问题，要以简单思维切入，化繁为简，避免陷入繁中添乱、漫无头绪的窘境。

简单思维能使我们透过纷繁复杂的问题表象，准确把握问题的本质，提高思维能力在解决复杂问题中的作用和效率，最大限度地挖掘和应用人的智慧和潜能，为解决问题创造价值。学会简单思维，使我们解决问题变得简单和高效。

很久很久以前，人类都还赤着双脚走路。有一次，一位国王忽然心血来潮，要到那些偏远的乡间旅行，结果因为道路崎岖不平，遍地碎石子，硌得国王双脚疼痛难忍，他败兴而归。回宫后，气急败坏的国王一边揉着青紫的双脚，一边愤愤不平地下了一道圣旨：把全国的道路给我用牛皮铺起来。而且他还颇有“人文关怀”，认为这样大动干戈不是为自己，而是为了全国百姓的双脚着想，于是他越想越觉得应该铺路。

可问题是就是把全国的牛都杀掉，也不够用来铺路。然而圣旨如山倒，谁敢不从？于是百姓们只得摇摇头叹息。这时，有一位聪明的仆人斗胆向国王进言说：“与其兴师动众宰那么多牛，您何不只用两片牛皮包住您的双脚呢？”国王如梦方醒，据说这就是皮鞋的来历。

这是一个通过简化思维解决问题的故事，给我们理解“化繁为简”以启发。聪明仆人向国王进言：“与其兴师动众宰那么多牛，您何不只用两片牛皮包住您的双脚呢？”折射出一种简单思维，既能满足国王免除硌脚的痛苦，又能节省大量的牛皮资源，还能确保牛不被任意杀害，这个故事所折射的智慧，尽显应用简单思维解决复杂问题的价值，值得我们研读。

1. 评估工作思维

评估工作思维是指在分析和解决问题过程中，评估我们的思维方式、方法是否有利于高效率分析和解决问题并达成解决问题业绩的目标。在上述故事中，聪明的仆人提出的用两片牛皮包住国王双脚的建议，就是一个评估工作思维是否有利于高效分析和解决问题并达成解决问题目标的故事。仆人对国王思维（把全国的道路给我用牛皮铺起来）否定过程，就是仆人对国王思维评估的过程。评估工作思维的目的，就是对工作思维复杂与简单程度进行科学分析与评估，然后去其复杂、繁多而选择简单和单纯。

2. 简化工作思维

简化工作思维是指在科学评估工作思维的基础上，对工作思维进行删繁就简，即化复杂思维为简单思维。简化工作思维应遵循的方法，一是简化要甄别。将复杂思维简化为简单思维，要结合具体工作或解决具体问题进行分析。该简化则简化，不能简化的则不能简化。二是简化要坚决。将复杂问题简单化，态度一定要坚决，不能吞吞吐吐、犹豫不决，而要果断，坚决将复杂问题的复杂思维删除，毫不可惜，只有这样才能真正将简化思维落到实处。

3. 落实简单思维

落实简单思维是指要将简单工作思维贯穿于实际工作过程中，目的是解决工作中的问题。用简单思维解决问题的关键，在于落实简单思维，提高工作效率和业绩。落实简单思维的方法，一是学习简单工作思维。学习简单工作思维是落实简单思维的基本方法，只有通过学习简单工作思维，才能掌握简单工作思维的规律和方法。二是应用简单工作思维，将简单工作思维方法应用于实际工作之中，以提高工作效率和业绩，这是推崇使用简单思维的价值之所在。应用简单思维比学习简单思维更重要。

简化流程——让工作充满效率

要做好任何一项工作，都需要建立一个能提高工作效率和业绩的工作流程，而能提高工作效率和业绩的工作流程，往往具有简单的特点。工作流程具有目标性、内在性、整体性、动态性、层次性、结构性等特点。工作流程的简单与复杂，往往决定了工作流程的使用效率的高低。工作流程不能复杂，复杂的工作流程不仅会拖延工作时间，加大员工工作精力成本，而且还会耽误重要工作开展和错失宝贵工作机会。

1988 年，朱镕基同志作为上海市市长候选人在上海市九届人大一次会议讲话中曾阐释了政府部门对外招商引资用“一个图章”解决复杂审批机制的构想。如何快速高效地引进外资来发展上海，是新市长首要解决的战略问题。外资有较高的积极性，但是审批手续繁杂，一个外资项目的审批往往要经有关部门盖 40 多个图章才能办完手续，最多时则要盖章 126 个。外商逐门奔走，不胜其烦，投诉无门，苦不堪言。于是如何精简项目审批流程就成为一个迫在眉睫需要解决的重大问题。随后，就有了朱镕基首创、独创的“一个图章、一个机构”的简化项目审批流程的创新构想和举措。这使上海市经济在之后几年的时间里焕发了活力和生机，将上海推到了对外开放、利用外资的快速发展轨道上。1988 年前，上海总计吸引外资项目仅 91 个，实际利用外资 1. 18 亿美元；而到了 1991 年，仅仅这一年就有 365 个项目，平均每天一个外资项目进入上海。简化招商引资流程，使上海引进外资项目的工作效率大幅度提高，这就是简化工作流程的价值之所在。

工作流程是企业用于某项工作进行管理的程序，如招商工作流程是用于管理招商工作的、生产工作流程是用于管理生产工作的，等等。但工作流程不宜复杂、繁多。这是因为，复杂、繁多的工作流程是制约、降低工作效率和业绩提高的重要因素。上述这个案例所反映的是上海招商引资管理流程之复杂、繁多的状况就可以是一个典型例证。而朱镕基提出招商引资用“一个图章”解决复杂审批机制的构想，正是对复杂管理流程化繁为简的万众一心杰作，也反映出朱镕基将复杂流程简单化的智慧。时隔多年，这个简化招商引资管理流程的案例，仍然值得我们借鉴。简单工作流程比复杂工作流程有利于规范员工执行行为，有利于提高管理流程的执行力，有利于提高工作效率和业绩。

1. 梳理工作流程

梳理工作流程是在对工作流程进行全面、客观和科学分析、比较和论证的基础上，从着眼于提高工作效率和业绩的高度，对工作流程及其组成部分进行增加或删减。梳理工作流程的目的，是为了对工作流程的删繁就简，在复杂、繁多的工作流程中提炼关键工作流程，使工作流程合理化、简单化、简洁化，从根本上提高工作效率和业绩。

2. 简化工作流程

简化工作流程是提高工作效率和业绩的有效方法。在上述案例中，上海市对外招商引资推行“一个图章”的审批机制，平均每天有一个外资进入上海，这就是上海简化招商工作流程的价值。简化工作流程贵在“减”字，即将那些无关紧要的、拖延工作时间的、耗费员工精力的、各部门工作相互重叠或冲突的等工作环节，统统从工作流程中删除，只有对工作流程的“减化”，才能真正实现工作流程的简化，使工作流程从复杂走向简单。工作流程简单了，工作效率和业绩自然就会提高。

3. 执行工作流程

工作流程从复杂走向简单固然重要，但如何执行好工作流程，使工作流程在实际工作中落实到位，这更是一个关键性的工作，只有将工作流程执行好了，才能有效提高工作效率和业绩。执行工作流程的方法，一是明确工作流程责任主体。即工作流程上的每个工作环节都要有明确的责任主体，只有责任主体明确，才能将工作流程的各项工作环节按工作考核标准做到位。二是制定工作流程执行标准。制定工作流程执行标准，就能将工作流程执行标准进行复制，从而使执行工作流程的工作行为有考核的依据，使企业执行工作流程由一个员工的行为变为全体员工的行为。

简化工作——找到关键工作

把复杂工作简单化的一个关键因素是要抓住事物的主要矛盾，善于在纷繁复杂的工作中抓住关键工作不放，“快刀斩乱麻”的思维力、决策力、执行力和行动力，使复杂、繁多的工作思路和方法变得简单。简化工作不仅能提高工作效率，更能使工作易于达成工作业绩目标。

在职场上，有的员工工作效率低下，工作业绩平庸，一个重要原因在于，他们在纷繁复杂的工作面前理不清头绪，工作目标处于迷茫和迷惑的状态。

中国历史上九方皋相马的故事值得分享。有一天，秦穆公令相马专家伯乐推荐一位相马的人才。伯乐推荐了九方皋，秦穆公把九方皋请来，让他出去寻访天下无双的宝马。

过了三个月，九方皋回来报告："您要的宝马已经找到了。"

秦穆公问："是什么颜色的马？公马还是母马？"九方皋想了一下回答说："我印象中是一匹黄色的母马。"

秦穆公听他回答不定，心中就浮起一团疑云，便派人去把马牵回来。去的人回来说："是一匹黑色的公马。"

秦穆公很不高兴。他把伯乐找来，埋怨他说："你真糟糕透了，你推荐的那个九方皋连马匹的颜色是黄是黑，马匹的性别是公是母都分不清楚，怎么能称为相马专家呢？"

伯乐听了却连连赞叹："了不起啊，真了不起啊！您说的这些情况，正足以证明九方皋的相马技术比我还高明。他观察马，已经能够排除外部特征的干扰，集中精力去深入观察马的气质和神韵了。他取其精而忘其粗，重其内而忘其外。他注意的是他需要观察的东西，他忽略的正是他不需要观察的东西。这样的相马技术实在是难能可贵啊！"马牵来后，经过试骑，果然是一匹天下无双的千里马。

在这个故事中，九方皋相马"取其精而忘其粗，重其内而忘其外”的方法，就是一个找到关键事项的相马方法，最终达成伯乐相马的目标。该故事诠释的简单工作智慧值得我们学习和领悟。简化工作同找到关键工作的因素十分密切。俗话说，打蛇打七寸。在工作中，如果找到关键工作，才能有效提高工作效率和业绩。反之，如果找不到关键工作，工作就很难理清头绪，就会陷入捡了芝麻，丢了西瓜的窘境。

1. 全面评价工作

在工作中，如何找到关键工作，需要对所从事的工作进行全面评估，通过对工作各环节的分析、比较，然后找到 1 ~ 2 个关键工作。每项工作都有 1 ~ 2 个关键工作，例如，企业培训主管在组织员工培训过程中，有员工培训需求调查、制订培训计划、选择培训师、组织员工培训和培训效果评估等工作，培训主管只要抓住选聘培训师这个关键工作，并将这个关键工作做好，那么，就能把整个企业员工培训工作做好，如果培训师选聘这个关键工作没有做好，选择的是一位智慧平庸的培训师，那么，其他的培训工作做得再好，都是没有任何价值的。

2. 找到关键工作

找到关键工作是简化工作的基础，没有找到关键工作，就不可能简化工作。找到关键工作的方法，一是要多做工作。尽可能将一项工作中的每个流程或关键工作“走完”，工作做多了，有利于找到关键工作。二是要深入思考。通过对工作各部分要素进行分析、比较，才能找到关键工作，只要对关键工作深入思考，就能历练出找到关键工作的一双慧眼。

3. 做好关键工作

在工作中找到关键工作，这仅仅只是手段，通过找到关键工作，做好关键工作才是最终目的。做好关键工作的核心，是要牵住关键工作这个“牛鼻子”，有利于创造较高的工作效率和业绩。要将80%的工作时间、精力和其他工作资源，通过对资源的有机整合，投入到20%的关键工作之中，通过聚焦资源打“歼灭战”，这是做好关键工作的一大智慧。

简化事项——别被琐事埋没

在职场上，我们无不被诸多复杂、繁多和琐碎的事情所困扰，甚至被绑架，如果不能将它们有效简化和删除，其对工作负面作用极大，一是滋生浮躁、焦虑的工作情绪，不能专心致志投入工作；二是导致工作效率低下，常常是“捡了芝麻，而丢了西瓜”。善于把复杂的事情简单化，办事又快又好，工作过程会轻松很多，工作效率和业绩也会大幅度提高。

西奥多是英国百货公司的人事主管。一次，公司招聘业务员，最终杰克和约翰入选。可这个岗位只能招聘一人，该如何取舍，西奥多想了一个办法。他对这两个人说：“从现在起，我每天会给你们10位客户资料，你们分别去向其中的5人推销产品，看最后谁的业绩更好。”刚开始，西奥多准备好客户名单时，两人都随机拿走5份就离开了。几天后，情况有了变化，杰克总是提前5分钟来挑走5份，把剩下的留给了约翰。半个月后，杰克再来找西奥多领资料时，却被告知：“我已经决定录用约翰了，你不用再来了。”杰克有些不服气地问：“我的业绩比约翰多好几倍，可为什么留下的是他?”西奥多摇摇头回答说：“我给你们的资料都是精心准备的，有一半的客户在公司附近的写字楼上班，这些人薪水高，购买力强，而另一半客户多在郊区，收入较低，购买力也弱一些。你很聪明，很快就发现了规律，于是每天悄悄挑选出购买力强的客户，而把难题留给约翰。这样一来，你不仅节省了时间和交通费，业绩也自然更好。你的这些小动作，我和约翰早就发觉了，可他却从没有怨言。”杰克听完，只好悻悻地离开。

投机取巧只能赚取一时风光，却无法偷走其真正的机会，只有脚踏实地去拼搏的人，才能够笑到最后。西奥多在招聘、考察人才工作中，简化了诸多琐碎的人才考察指标，以紧扣评价人才关键指标，即在销售工作中，是否具备挑战销售困难的心态和毅力，最终选择了约翰，而淘汰了杰克。西奥多制定的对销售人才这个考察指标，抓住了销售人才素质的核心，简化了销售人才考察指标，提高了考察、招聘销售人才的工作效率和业绩。

1. 全面分析工作事项

对工作化繁为简，是建立在对工作进行全面分析基础上的一项工作。全面分析工作事项是找到重要工作的前提条件，没有对工作的全面分析，很难找到重要的工作事项。全面分析工作事项要将重点放在分析重要工作事项上，这包括这项工作在整体工作中有什么重要地位，做好这项工作对其他工作开展有什么引领作用等。分析重要工作事项的目的，是为了找到重要工作事项，为更好地做好重要工作事项创造良好的条件。

2. 删除琐碎工作事务

在工作中要在简化工作事项的基础上，凸显重要工作事项，让重要工作事项不被琐碎事务埋没，这就是删除琐碎事务的目的。删除琐碎事务的方法，一是要学会善于删除琐碎工作事务。即将无关紧要、可有可无的工作事项坚决删除，做到复杂工作简单化，这有利于专心致志做好、做精重要工作，提高工作效率和业绩。二是对删除琐碎工作事务要坚决。不要拖泥带水，在删除琐碎工作事务时，不要“牵肠挂肚”，如果对删除琐碎工作事务“心慈手软”，那么，琐碎工作事务就会永远存在，它们会成为我们难以做好重要工作的累赘。这个问题应当引起我们的高度重视。

3. 做好重要事项工作

删除琐碎工作事务，是为了腾出宝贵的工作时间和精力，专注于做好重要事项工作。做好重要事项工作的方法，一是要投入工作时间。做好重要事项工作，一定要投入较多工作时间用于对重要工作的思考，如制定重要工作决策，拟订重要工作计划，分析和解决重要工作问题等，这些都需要投入大量时间，倘若投入时间太少，不足以完成重要工作。二是要投入旺盛工作精力。大凡重要的工作，往往都是责任重大，且具有全局性、复杂性和挑战性的工作，唯有投入旺盛的工作精力，才能担当重要工作，并达成完成重要工作目标。如果人的工作精力不济，就很难做好重要事项工作。

简化语言——让沟通更有效

企业管理者与下属员工保持有效的沟通，能使管理者及时了解基层员工的工作进展状况和存在的问题，以指导员工按照工作计划、工作业绩考核指标规范自己的工作行为，达成工作业绩目标。在工作中，影响、制约沟通效果的因素包括，一是长篇大论，滔滔不绝；二是言不及义，词不达意；三是思维紊乱，条理不清。由上述三种消极因素所导致的不良沟通行为，我们将其称为复杂沟通。与复杂沟通相反的是简单沟通，应用简单沟通效果包括言简意赅，简明扼要，言之有物，条理清晰。管理沟通实践表明，简单沟通比复杂沟通有利于提高管理沟通效果。

白沙集团是一个推崇简单管理的企业，白沙集团总裁卢平十分重视沟通的效果。她发现每次出差回来，桌上的文件就堆得像山，年终总结时，交上来的材料都是厚厚一摞，她于是规定，凡是给她看的东西，只能是一张纸，上面直截了当地写明："题目、问题、方案、风险、结论和审批。"卢平规定，"凡是给她看的东西，只能是一张纸。”简化沟通语言在白沙集团已经上升为必须共同遵守的管理行为规范。

台塑CEO王永庆是一个简单沟通的高手，他的方法就是“午餐汇报制度”。这个制度不用大家更多的时间，在会议室里长篇累牍地汇报工作，就在午饭时间简单的沟通，大家在放松的状态下，看似不经意间，就能发现很多工作中存在的问题。王永庆认为：“沟通决定着执行的结果和质量。只要领导发现有‘异常现象’，就要在午餐会上追根究底，问几个‘为什么’，直到提出有效解决方法为止。”

白沙集团总裁卢平和台塑CEO王永庆都是简单沟通的高手。要成为简单沟通的高手，要在如何简化语言上下功夫。在工作沟通中，语言表达主题鲜明、条理清晰、简明扼要，这极有利于提高沟通效果；而语言表达主题模糊、条理紊乱和复杂、繁多，则会降低工作沟通的效果。

1. 分析沟通事务

如何通过简化语言达成沟通效果，需要对沟通事务进行分析，这是因为，并不是所有沟通事务都需要简化语言，譬如，领导者对问题的关键环节进行调查研究，其沟通的语言需要翔实、具体，而不能删繁就简，大而化之；员工向上司汇报工作，其语言宜简洁，只要把工作结果说清楚就行了。因此，分析沟通事务，是决定能否简化语言沟通的基础，沟通要看对象和内容，不同的沟通对象和内容，其沟通语言的复杂与简单所带来的沟通效果是不一样的。只有针对特定沟通对象和内容选择不同的沟通语言，才能有效提高沟通效果。

2. 简化沟通语言

沟通是一门说话的艺术，“话”说得复杂与简单带来的沟通效果是绝然不同的。复杂沟通简单化，简化沟通语言的要求是，沟通紧扣主题、抓住重点、简明扼要、言简意赅和语言简短，能让沟通对方在短时间内知道你所表达的思想、观点和意见，并得到被沟通者的认同。简化沟通语言的方法，一是沟通之前要思考。怎样用简洁沟通语言，准确传递复杂的沟通内容，这需要先思考，只有先谋而后说，才能将沟通的语言说到点子上。二是提高表达技巧。沟通要达到简言意赅的水平，需要在提高表达技巧上下功夫。良好的沟通技巧，如主题鲜明、条理清晰、简明扼要等，能彰显简单沟通的魅力。

3. 提高沟通效果

分析沟通事务和简化沟通语言是为了提高沟通效果。提高沟通效果，同人们使用语言这个沟通工具的因素密切相关。沟通是一门艺术，应用沟通语言没有定式，选择简单沟通语言也好，选择复杂沟通语言也罢，一切应着眼于提高沟通效果，一般而论，选择简单语言沟通比选择复杂语言沟通更能提高沟通效果。根据具体沟通对象、内容和要达成的沟通目标，当繁则繁，当简则简，这是提高沟通效果的有益方法，反之，当繁则简或当简则繁，就会极大影响和降低沟通的效果。

简化问题——凸显重要问题

要透过问题现象看本质，要善于分析、甄别诸多问题，及时梳理重要问题。集中处理一个主要矛盾比同时处理多个矛盾的效果不相径庭。而在主要矛盾解决之后，次要矛盾也会迎刃而解，或者复杂问题变得简单，朦胧问题变得清晰。

简化问题，要学会复杂问题简单化思维。复杂问题简单解决是有其规律可循的，只要按照解决问题的规律办事，找准问题的要害，找准问题的本质，处理得好，就能使复杂问题简单解决。

春秋时期，楚国令尹孙叔在苟陂县一带修建了一条南北水渠。这条水渠又宽又长，足以灌溉沿渠的万顷农田，可是一到天旱的时候，沿堤的农民就在渠水退去的堤岸边种植庄稼，有的甚至还把农作物种到了堤中央。等到雨水一多时，渠水上涨，这些农民为了保住庄稼和渠田，便偷偷地在堤坝上挖开口子放水。这样的情况越来越严重，一条辛苦挖成的水渠，被弄得遍体鳞伤，面目全非，因决口而经常发生水灾，变水利为水害了。

面对这种情况，历代苟陂县的行政官员都无可奈何。每当渠水暴涨成灾时，便调动军队去修筑堤坝，堵塞洞。后来宋代李若谷出任知县时，也碰到了决堤修堤这个头疼的问题，他便贴出告示说，今后若水渠决口，不再调动军队修堤，只抽调沿渠的百姓，让他们把决口的堤坝修好，这布告贴出以后，再也没有人偷偷去决堤放水了。

在工作中简化问题，并不是“放弃”问题，甚至在解决问题时避重就轻，避实就虚，而是通过对复杂问题进行梳理、简化，然后找到复杂问题中的重要问题，重要问题一旦凸显，那么任何复杂问题都是能够简单解决的。

日本软件银行董事长兼总裁孙正义认为：“我不是天才，正如我所讲的一样关键所在是要有激情，当你有强大的激情，而且工作重点非常明确时，你就可以变成专家了。你不断地工作，因为你有激情，因为你找到了朋友，一旦有了工作重点，你就有了更深刻的了解，事情就变得很容易了。”宋代李若谷解决百姓决堤放水问题，采取的是“无为”，即不再调动军队修堤的简单工作方法，其原因就在于李若谷找到了决堤放水背后的重要问题。

1. 判断工作问题

判断工作问题是解决工作问题的先导，在全面、客观分析工作问题的基础上，对问题进行全面、客观和准确的判断，找到工作中的重要问题，并在解决重要工作问题上下功夫。工作重要问题解决了，那么工作次要问题就会迎刃而解。判断工作问题的方法，一是要全面。从问题的多个层面认识、判断问题，而不是坐井观天，以管窥豹。二是要客观。认识、判断问题要以问题的客观事实为依据，而不要掺入个人主观意志。三是要准确。准确界定问题的性质和根本原因，有利于提出解决重要问题的思路、方案和方法。

2. 简化工作问题

在诸多复杂工作问题中，能凸显重要问题，有一个简化工作问题，即将诸多复杂工作问题一一列出，经过对诸多复杂工作问题的分析、甄别，剥离出非主要的工作问题。分析、甄别和剥离出非主要工作问题的过程，也就是简化工作问题的过程，凸显重要工作问题的过程。简化工作问题，需要提高思维能力在诸多复杂工作问题中分析、甄别谁是重要、次要工作问题，倘若思维能力比较平庸，那么简化工作问题将是一件很难的事情。

3. 高效解决问题

对问题化繁为简的目的，是为了在诸多问题中凸现重要工作问题，凸现重要问题的作用，是为了最终解决问题。在上述案例中，宋代李若谷出任知县时，当他碰到决堤修堤这个问题时，不再调动军队修堤，只抽调沿渠的百姓，自己出现的决堤问题自己承担修堤，最终使决堤放水这一老大难问题得到有效解决。这个简单解决问题的案例折射出复杂问题简单解决的智慧，值得我们认真学习和借鉴。

第七章

成为简单工作的职场达人

认知简单工作观念

人的工作习惯根源于人的工作行为，而人的工作行为来源于人的观念，人的观念根置于人对工作观念的认知。因此，从思想上认知简单工作观念是核心，是先导，人在思想上一旦认知简单工作观念，那么，人的工作行为及习惯就能逐渐践行简单工作观念。

曾经有一位英国游客搭乘美国一艘客轮出游。途中英国游客问船长："船长先生，在这里航行这么久，经验这么丰富，我想您一定对河中的每一处浅滩都摸得一清二楚，了如指掌吧！"船长的航行经历固然丰富，但是他的回答让这位游客大吃一惊，他说："不，先生，何必那么复杂呢？我对河中的浅滩并不完全清楚，如果让我把全部浅滩都弄清楚了，那纯粹是在浪费时间。"对此，游客大为不解："您说什么？您说这是浪费时间？但是您连哪里有浅滩都不知道，您将如何领航呢？"船长轻松地说："何必那么复杂呢？我只要知道深水区在哪里，不就足够了吗？"听到船长这番回答，英国游客再也问不出话来了。

从这则故事中，我们不难看出，这位船长是一位善于在复杂的航道中简单驾驶轮船前行的智者，这源于他对简单工作观念的认知、领悟和践行。有的职场人士在工作中不愿尝试如何将复杂工作简单化。怎样将复杂问题简单化的一个重要原因在于，他们对简单的工作观念缺乏应有的认知。观念是工作行为的先导，有什么样的观念，就有什么样的工作行为。认同简单工作观念，就会产生简单的工作行为，前者是因，后者是果。要成为简单工作的职场达人，就必须首先认知简单工作，其次才是领悟和躬行简单工作观念。

1. 认知简单工作观念

认知也称为认识，是指人认识外界事物的过程，或者说是对作用人的感觉器官的外界事物进行信息加工的过程。认知简单工作观念是对简单工作的理念、思维和方法的一种认识和认同。认知简单工作观念是开展和做好简单工作的重要基础，没有对简单工作理念、思维和方法的认识和认同，就没有简单工作的行为及习惯。认知简单工作观念的方法，一是要善于学习简单工作知识。对简单工作知识越了解，越能认知简单工作观念。二是要相信简单工作的力量。相信简单的力量，这是认知简单工作观念的核心，一旦你相信了简单工作的力量，就会认知简单工作观念。

2. 领悟简单工作观念

认知简单工作观念是简单工作的基础，领悟简单工作观念是做好简单工作的关键。在工作中，能将复杂工作简单化是一门事半功倍的学问，值得认真领悟，并掌握其真谛和精髓，简单工作并不是一味地将工作“删减”“减少”甚至“放弃”，而是对事物客观规律的一种深刻认识和把握，并用这种客观规律指导自己的工作实践。譬如，领导者要简单解决问题，就要对简单解决问题的客观规律深刻认识和把握，如解决问题之前，要调查研究，找准问题的症结，集思广益等，领导者在解决问题时，如果能将这项工作做好了，那么解决问题的效率和业绩就会得到提高。

3. 践行简单工作观念

践行简单工作观念是指将简单工作观念有效落实在日常工作之中，并切实做到将复杂工作简单完成。在工作实践中，如果有了化繁为简的理念、思维和方法，但如果在工作实践中没有践行，那么，一切化繁为简，以简驭繁的理念、思维和方法都会陷入空谈的窘境，而空谈的人，是很难践行简单工作观念的。践行简单工作观念重在行动，一寸行动，胜于一尺语言。在工作中，大量投入简单工作的行动，这本身就是在践行简单工作观念。因此，践行简单工作观念要力戒空谈，整天空谈如何将复杂工作简单化，怎样将复杂问题简单化等，而不愿投入简单工作的行动，那么，践行简单工作观念对提高工作效率和业绩就没有任何作用。

总结简单工作法则

将复杂工作简单化，即简单工作是有规律可循的，规律也可以称为法则，要推广简单工作，需要总结简单工作法则，以指导自己和他人的简单工作实践。对简单工作不仅要知其然，而且要知其所以然，这无疑是一件最有价值的事情。

我国小提琴泰斗级人物林耀基被冠以“冠军教授”的美誉。

从 1980 年起，他的学生不断地在世界级小提琴比赛中获奖四十项，其中胡坤、薛伟、柴亮、郭昶、徐惟聆、陈曦、杨晓宇、顾文蕾、李传韵等 13 人获得国际比赛的冠军。而小提琴界获国际大奖中，90% 是他调教出来的。因此，人们不禁会问，林大师究竟有什么非凡之道，能够培养出那么多的冠军。对此，林教授简单明了的回答让众人茅塞顿开。他说，教学生学小提琴，就是要把学琴的方法简单化，即将技术生活化，只有将小提琴的技术生活化了，它才能更好地表现生活。音乐有节奏，拉琴时讲究平衡，这些同样能在生活中找到，天才就是把复杂的事情变简单。根据多年的教学经验，林耀基教授总结出了要学好小提琴的六个方面的问题。一个标准：音乐只有一个基本标准，匀、准、美。两个图形：音乐的幻想图、“交通图”（四根弦、一个弓在交织）。三种关系：动与静、用力与放松、时间与空间。四个“换”字：换弓、换把、换弦、换手。双弦五个字：齐、滑、软、准、密。表演的六个要求：冷静的头脑、火热的心、松弛的肌肉感觉、坚定的节奏、充分的实现、充分的享受。林教授总结的要学好小提琴六个方面的问题，言简意赅，易于理解和记忆，在培养小提琴精英方面起到了重要的作用。

林耀基之所以被称为“冠军教授”，源于他善于将多年培养小提琴专业人才的教学经验，用极为简洁的语言进行总结，让他的学生易于理解、记忆和使用。总结简单工作法则的价值由此可见一斑。简单工作法则只在简单工作实践中，将零散的简单工作经验，通过系统整理和归纳进行总结。有了简单工作法则，推广简单工作就有科学依据和工作规范，任何人遵循简单工作法则开展工作，都能够将复杂工作简单完成，复杂问题简单解决。这才是最有价值的。

1. 探索简单工作法则

简单工作法则是在日常工作过程中逐渐探索出来的，复杂工作简单完成，复杂问题简单解决等，这其中的简单工作理念、思维和方法，只有通过探索才能逐渐获得，才能不断领悟其真谛。探索简单工作法则需要勇敢，在以前复杂工作路径上探索出简单工作的路径，需要突破自己和他人过去复杂工作行为及习惯的樊篱，这种“离经叛道”的思想和行为，必然会遭到他人的非议和否定。因此，没有勇敢的精神，是无法探索简单工作法则的。

2. 总结简单工作法则

总结简单工作法则是一项非常有价值的工作。简单工作法则是在工作实践中不断总结出来的，将零散的尝试简单工作的理念、思维和方法不断进行总结，然后将其上升为一般规律性的认识，这就是总结简单工作法则的方法。总结简单工作法则贵在系统化、条理化和简洁化。简单工作有一个系统，系统化有利于形成简单工作法则知识体系；简单工作是有条理的，条理化有利于提高对简单工作法则规律性的认识；简单工作总是同简洁结合在一起，简洁化有利于人们对简单工作法则记忆和应用。谁能够做到以上“三化”，谁就能总结简单工作法则。

3. 推广简单工作法则

对简单工作的基本规律进行总结，有利于人们深化对简单工作法则的认识和实践，简单工作法则不仅需要总结，更需要推广。推广简单工作法则的目的，是为了让人们高度认识简单工作法则的价值，将其应用于自己的日常工作之中，提高工作效率和业绩。推广简单工作法则的方法，一是要整理简单工作案例。要将因使用简单工作理念、思维和方法，创造了较高工作效率和业绩的事迹进行整理，这是推广简单工作法则的基础工作。二是要宣传简单工作案例。通过组织简单工作案例演讲会、培训会，向员工广泛宣传和普及简单工作法则知识，让简单工作日益成为员工的工作行为规范。

客观全面认识事物

认识事物从简单到复杂比较容易，而从复杂到简单则比较困难。这是因为，我们对事物的简单认识，一定是建立在全面、客观认识事物基础上的，譬如，窥一斑而知全豹，一定是先知全豹之后对豹斑之间整体关系的认识。在对事物微观与整体关系认识之后，才能从事物的微观认识事物的整体，于是才能窥一斑而知全豹。因此，要领悟、掌握简单工作的真谛，离不开客观、全面认识事物。

一群大学生登山时遭到暴风雨，山洪暴发，于是他们转身朝山下跑，而恰恰在此时，滚滚而来的泥石流瞬间就把他们的生命永久地埋葬了。

面对这突如其来的悲剧，很多人不禁要问："如果当时我们也在半山腰，突然遇到暴风雨，应该怎么办呢?"

登山专家说："应该向山顶走。"

"为什么往山顶走，山顶风雨不是更大吗？"

"往山顶走，固然风雨可能更大，却不足以威胁你的生命，往山下走，看起来风雨小些，似乎比较安全，却可能遭到暴发山洪而活活被淹死。"

大学生登山时遭到暴风雨，山洪暴发，于是他们转身朝山下跑，他们认为的逃生之路，恰恰是灾祸之路。其原因在于，大学生只考虑向山下走，却未思考整体山洪暴发引发的泥石流可能带来的灾祸。

在工作中如果能对工作全面认识和客观，就能够做好简单工作。阅读和领悟这个故事的精华，有利于帮助我们掌握全面客观认识事物的智慧，掌握这个智慧，就能从简单工作的视角、思维和方法，去分析、判断复杂的事物，使复杂事物简单化。

1. 客观认识事物

我们对客观事物的认识，往往掺杂了个人的知识和经验判断，也不乏个人主观意志和好恶。这容易对客观事物做出错误的分析和判断，如将自己的问题视为他人的问题，简单的问题看成是复杂的问题，复杂的问题看成是简单的问题等。客观认识事物，有利于正确分析和判断事物，使我们对事物的认识和判断符合事物的客观实际。客观认识事物，贵在能以实事求是的态度和眼光分析、判断事物，对事物分析、判断正确了，就能找到事物从复杂到简单的客观规律。客观认识事物的方法，一是克服主观意识。主观意识是客观认识事物的大敌，戴着有色眼镜看问题，会扭曲对问题的看法。二是认真调查研究。对事物调查研究的结果，是客观认识事物的重要依据。

2. 全面认识事物

宋代诗人苏东坡诗云："不识庐山真面目，只缘身在此山中。"这首哲理诗启示我们，要认识一个事物只有站在事物全局整体的高度，才能认识事物的全貌。对一个事物化繁为简，需要全面认识事物，只有全面认识事物，才能找到事物的关键点，找到事物的关键点，才能将复杂事物简单化。在上述故事中，大学生登山遭遇暴风雨，往山下跑，恰恰是最危险（复杂）的选择，而往山上走才是最优（简单）的选择。登山大学生为什么会做出这种判断，是因为他们缺乏全面认识山洪暴发引发的泥石流可能带来灾祸的意识。因此，没有对事物的全面认识，就很难认识事物的复杂与简单。

3. 洞察事物本质

客观、全面认识事物，是为了洞察事物的本质。事物的本质能反映事物的真实状况。洞察事物的本质有利于深化对事物的了解。将复杂工作简单完成，将复杂问题简单解决，都离不开对事物本质的认识。对事物本质认识越深刻，越有利于将复杂工作简单化，简单完成，将复杂问题简单化，简单解决。有的员工在工作中，之所以不能将复杂工作简单化，简单完成，将复杂问题简单化，简单解决，是因为他们对事物的本质认识不够深刻所致。洞察事物本质的方法，一是着眼于分析事物根本问题。洞察事物本质贵在能着眼于分析事物根本问题，分析根本事物问题是洞察事物本质的核心工作。

二是要提高思维能力。能洞察事物本质是思维能力优秀的一种表现，思维能力平庸的员工，是不足以洞察事物本质的。

抓住事物本质要素

将事物做到化繁为简，就要在对事物整体状况分析、研究的基础上，抓住事物本质要素。事物本质要素，就是事物的关键点，一旦将事物本质要素抓住了，就能使原本复杂的工作简单化，复杂问题简单化，从而提高工作效率和业绩。

在18世纪和19世纪，英国政府曾面临一个难题：用船把一些罪犯送到澳洲去。但是由于条件恶劣，有时候多达30%的罪犯死在途中。

英国政府做了如下调整，政府根据在英国港口上船的罪犯人数，向私营船主支付运费。支付的费用足以保证在长途海运过程中，每个罪犯有食物及医疗保障，但罪犯的死亡率并没有因此降低。一些唯利是图的船长甚至将罪犯的食物囤积起来，让罪犯们饿死，然后当他们到了澳洲后就会把食物卖掉。

有人提议可以用法律的手段强迫船长有人性地做事，比如，可以通过法律的手段制定最低的食物标准和医疗标准，这似乎是一个不错的方案，但为了有效实施这个方案，人们不得不多做一些事。例如，不得不在船上派一名政府官员，以确保船长照章办事。随之而来的另一个问题是，你能确保那名政府官员不受贿或不受那些野蛮船长的威慑。

最后英国政府的办法是，不按照罪犯在英国上船时的人头付费，而是按照去了澳洲后下船时的人头付费。这个办法非常简单且非常有效。

在这个案例中，为什么多达30%的罪犯死在海运中，原因在于英国政府在英国港口按上船的罪犯人数，向私营船主支付运费，于是就出现了唯利是图、见利忘义的行为，随后英国政府按照去了澳洲后下船时的人头付费，抓住了这个问题的本质要素，简单有效地解决了多达30%的罪犯死在去澳洲海运中的复杂问题。将这一复杂问题简单化并简单解决，源于英国政府抓住问题的本质要素。英国政府的高明之处，就在于他们能够抓住“按照去澳洲后下船时的人头付费”这一复杂问题的本质要素，终于使这个复杂问题简单解决。这个案例启示我们，只要找准了问题的本质要素，就能将复杂问题简单化和简单解决。

1. 全面认识事物

在工作过程中，认识事物的本质要素，并不是一件容易的事情，对事物本质要素的认识，是建立在全面认识事物基础上的。只有从整体上认识事物，才能对事物的结构和关键因素有一个深刻的认识，最终才能认识事物的本质要素及客观规律。譬如，要做好营销工作，就要全面认识营销工作，尤其要认识做好营销工作的本质要素及其客观规律，因此，做好营销工作，需要全面认识营销工作。在实际工作中要做到化繁为简，将复杂工作简单完成，复杂问题简单解决，只有在对某项工作、问题全面认识的基础上，才能抓住工作问题的本质要素，最终才能达到提高工作和解决问题效率及业绩的作用。

2. 把握事物联系

任何事物都是有机联系的，要将一个复杂问题简单解决，贵在能够把握诸多问题之间的内在联系，譬如，主要问题和次要问题之间的联系，抓住主要问题；问题主要原因和次要原因之间的内在联系，找到问题的主要原因等。主要问题找到了，问题的主要原因找到了，就能寻觅问题的关键点，问题的关键点就是问题的“牛鼻子”，从问题的关键点入手，就能使复杂问题简单解决。把握事物的有机联系，需要培养一种敏锐的眼光，能在纷繁复杂的事物中，敏锐观察和寻觅事物的关键点，倘若没有这种功力，把握事物的有机联系就是一句空话。

3. 抓住事物本质

抓住事物本质是将复杂工作简单化的一个根本方法。抓住事物本质，贵在能认真思考。简单和复杂总是相对的，总是相比较而存在的，每个人对它的理解很难做到统一，当一件小事情被你搞成了大事情时，那就是将简单事情变复杂了，因此，再简单的事情，如果你不去认真思考，也会变复杂；反之，再复杂的事情，只要我们静下心来，能认真思考，理清头绪，就会将复杂事情变得简单。抓住事物本质需要定力，抓住事物的本质不放，“咬定青山不放松”，直至有效解决工作根本问题为止。

认识事物客观规律

认识事物客观规律是化繁为简的基础，做好任何一项工作都有客观规律可循，复杂工作简单化、简单做，一定要遵循工作客观规律。简单与复杂是一对矛盾，需要辩证对待和处理。事物是复杂的、变化的，我们在工作时，要因时、因地、因事而制宜，再复杂的工作都有其客观规律可循，只要按客观规律办事，找准事物的要害，抓住事物的本质，任何复杂的事物都可以简单认识，任何复杂的问题都可以简单解决。因此，将复杂问题简单解决并不难，难在我们对工作的客观规律能否有深刻的认识和把握。如果我们对工作有深刻的认识和把握，那么，任何复杂的问题都可以简单解决。

巴顿将军在慧眼选拔下属方面总是选择艰难，原来他有一套自己的选才方法。对于这一点，在他的战争回忆录中做了详细的记录。他在选拔人才时，常常会把所有的候选人叫到一起，给他们提出要去解决的问题。有一次，他把预备提拔的六个候选人召集到一起后，简单地告诉他们说："我要在仓库后面挖一条战壕，8 英尺长，3 英寸宽，6 英寸深。"说完这些，巴顿再没做任何解释，就让他们开始去做，随后巴顿通过仓库的窗户观察他们的言行。那些候选人并不知道，他们选好了铁锹和镐后，开始议论起巴顿将军为什么要他们挖那样的战壕。只听有一个家伙说道："6 英寸深的战壕能做什么呢？还不够当火炮掩体呢？”而另外两个人则在争论着这样的战壕是太热还是太冷。还有一个人则在说：“我们好歹也是个军官吧？将军却让我们来干什么挖战壕的体力活，也太大材小用了。”在那里，只有一个军官没有发表议论，他得到巴顿将军的提拔，对于他得到提拔的原因，巴顿将军给予了明确的回答：“我挑选的就是一个不找任何借口而完成任务的人。”

在这个故事中，巴顿将军识别选拔人才，用的是十分简单真实的情景模拟考查人才的方法，用简短的时间，甄别出人才的真伪，这说明巴顿将军对识别、选拔人才客观规律的深刻认识和把握。遵循人才识别、选拔客观规律，就能将这项看似复杂的工作化繁为简，迅速达到识别、选拔人才的工作目标。做好人才选拔工作，需要认识人才选拔的客观规律，在职场上要做好其他工作，也要认识其他工作的客观规律。

1. 认识事物客观规律

任何事物的运行、发展，都有其客观规律，做好工作要遵循其客观规律，按客观规律办事有利于在工作中多做正确的事情，少做乃至不做错误的事情。遵循事物客观规律，首先要认识事物客观规律，找到事物之间必然、内在的联系，如事物内部的制约和平衡关系，主导事物运行的核心因素以及事物发展的必然趋势等。认识事物客观规律，按照事物客观规律办事，有利于找到简单工作的思路和方法。巴顿将军选拔、甄别人才的思路、方法，起到了人才选拔、甄别的作用，这源于他对人才选拔、甄别客观规律的深刻认识和感悟。

2. 掌握事物客观规律

掌握事物客观规律是指在认识事物客观规律的基础上，驾驭客观规律所具备的一种能力，包括观察能力、思维能力、决策能力、执行能力和解决问题能力等。我们在处理具体工作事务时，如制定决策、实施计划、使用人才和对工作进行检查、监督等，要将这些具体工作事务化繁为简，就需要具备观察能力、思维能力、决策能力、执行能力和解决问题等能力，只有具备上述能力，才能更好地掌握事物客观规律，否则，掌握事物客观规律就是一句空话。

3. 应用事物客观规律

认识、掌握事物客观规律，是为了应用事物客观规律。应用事物客观规律是指运用事物客观规律指导自己的工作实践，令某项具体工作的化繁为简符合工作的客观规律，如制定决策，要使制定决策从复杂到简单，就要遵循制定决策的客观规律；实施计划，要使实施计划从复杂到简单，就要遵循实施计划的客观规律，等等。只有应用事物客观规律，才能更有效地将工作化繁为简，使复杂工作简单化，复杂问题简单化，实现提高工作效率和业绩的目标。

使用简单工作方法

在工作中要将复杂工作简单化，提高工作效率和业绩，除了要认识和掌握事物的客观规律之外，还要学会应用简单工作方法。简单工作有简单工作的方法，只有学习、领悟和使用简单工作方法，才能在复杂工作简单化、简单做的过程中驾轻就熟、游刃有余。

> 一次，地质考察队在大山里发现了一处罕见的山洞。洞内地形非常曲折复杂，大洞套小洞，小洞又连着大洞，变化无穷。此事一经曝光便引来无数探险者强烈的征服欲。每隔一段时间便有慕名而来的探险者，但是进洞后安全返回的少之又少，即便出得洞来，多半是半途而废，更没有人探得过它的尽头，于是人们便为该洞取名为“死亡谷”。渐渐地前来探险的人少了，却留下了一些恐怖的传说。正当此事就要归于平静时，一位从未上过学，也没探过险的当地农民却深入“死亡谷”18 天，终于找到了洞的尽头，并安全返回洞口，人们为之震惊，一时议论纷纷。许多媒体记者采访这位农民，问他有什么秘诀，他说了一个看似简单而笨拙的办法：“我只是找了一根长而结实的绳子，把它的一头牢牢地拴在裤带上，另一头拴在洞口一棵树干上，然后带上一些自制的食物，不慌不忙地探寻，返回时顺着这根绳子很快就走了出来。”

在这个故事中，这位农民成功探险“死亡谷”，应用的是简单工作方法，使他安全返回洞口，这位农民使用的简单方法看起来十分“愚笨”，但它有效避免了探险“死亡谷”的风险。这个故事所蕴含的复杂问题简单解决的智慧，值得我们在解决复杂问题过程中学习、领悟。这个故事同时启示我们，无论多么复杂的问题，都有可解决之道，问题的关键在于，我们面对复杂的问题时，能否具备将复杂问题简单解决的意识和能力。应用简单工作方法，能使复杂问题简单解决，其最终目的是使复杂问题迅速得到解决。

1. 学习简单工作方法

学习简单工作方法，这是领悟、使用简单工作方法的有效途径。简单工作有许多方法都值得我们好好学习，如精准：直接瞄准目标；精力：倾注工作本身；精选：找到工作关键；精确：洞察工作需求；精辟：从切入点着手等。对这些简单工作方法的概念、内涵、应用领域、在提高工作效率和业绩中的作用等知识，要认真学习。没有对简单工作方法的学习，就没有对简单工作方法的领悟和应用。学习简单工作方法，一是要有空杯的心态，只有把心“放空”，才能学习、领悟简单工作方法的奥妙；二是在融会贯通上下功夫。简单与复杂总是相对的，在做一项工作时，什么时候用简单工作方法，什么时候用复杂方法没有固定的模式，只有融会贯通的人，才能学到简单工作的真谛。

2. 领悟简单工作方法

学习简单工作方法贵在能够领悟，对简单工作方法的领悟，是一种深层次的学习，只有对简单工作方法领悟深了、透了，并能将简单工作方法转化为简单工作能力，诸如化繁为简的决策能力、思维能力、沟通能力、执行能力和解决问题能力等，继而提高工作效率和业绩时，那么我们才可以自信地说自己已经领悟简单工作方法及其智慧了。领悟简单工作方法需要深入思考，这包括要深入思考简单工作方法的价值以及在提高工作效率和业绩中的作用，这是领悟简单工作方法的基础，一旦领悟了简单工作的方法，那么就会为使用简单工作方法创造良好条件。

3. 使用简单工作方法

毛泽东同志说过，读书是学习，使用是学习，而且是更重要的学习。使用简单工作方法的目的，是为了通过将复杂工作简单化，简单完成，复杂问题简单化，简单解决，不断提高工作效率和业绩。使用简单工作方法，一是要强化简单工作方法的使用。任何一种工作方法，只有使用了，才能提高工作效率和业绩，才能彰显其使用的价值，如果不使用，将其束之高阁，再好的工作方法也不能发挥其应有的作用。二是要培养使用简单工作方法的习惯。习惯的优秀才是真正的优秀，只有当我们使用简单工作方法成为一种习惯的时候，才能使我们成为一个优秀简单工作的实践者。

培养简单工作习惯

一个人学会一次简单工作，其工作行为并不可贵，可贵的是将简单工作行为培养成习惯，这是因为没有比培养简单工作习惯更具有持续、强大的力量。在工作中，如果我们养成了简单的工作习惯，那么这个习惯会使我们终生受益。

习惯的形成，乃是相同一种观念、思维方式和行为的多次重复。美国成功学专家拿破仑·希尔说：“习惯来源于环境，或者说来源于对特定做法和想法的反复重复，一旦习惯养成，就好像模具中的水泥块已经硬化，再想改变就难了，我们的思想会从周围环境中吸收信息，转化为相应的想法和行为，而习惯则会将这些想法和行为固定下来，在我们的潜意识里扎根，成为我们性格的一部分。”要想成为简单工作的职场达人，就要潜心培养良好的简单工作习惯。

畅销书作家、目后佐道顾问公司的 CEO 王潇是一个崇尚简单工作的管理者。王潇十分重视培养简单工作习惯，当她还是一个初中生时，就开始使用效率手册，在那个年纪显然有点儿“早熟”，她在每项功课后面都会注一个“括号”，完成就在括号内打钩，紧急的事项前面会加注五角星，而完成一件事打个大大的对钩会让她产生很强烈的愉悦感。这个方法一用就是 20 多年，无论是学业，还是实现创业目标，她都应用这个方法，让每一个项目按计划有条不紊地实现。这其实就是时间管理，明确自己的价值观—实现目标—罗列三项清单—区分优先级—按计划实施。王潇认为：“价值观决定了生活与做事的优先级，过去岁月连续的优先级的甄选与落实，造就了今天的你和我——每个人都选择了他们自己今天的样子。”王潇使用效率手册一用就是 20 年，这说明她使用简单工作方法已经形成一种良好的工作习惯，正是这种良好的工作习惯，成就了今天的王潇。

王潇无疑是一位职场达人，她的成功经验源于她在读初中的时候就开始培养良好的简单工作习惯，如学会使用效率手册，学会列工作优先级清单。是简单工作习惯成就了王潇。简单工作并不难，难在培养简单工作的习惯。

1. 认知简单工作习惯

认知简单工作习惯是指对简单工作习惯价值的深刻领悟和高度认同，这是培养简单工作习惯的基础，任何一种工作习惯的养成，都是源于对该工作习惯价值的认知，并逐渐形成个人该工作习惯固定的思维模式，最终逐渐孕育成一种固化、可不断重复的工作习惯，这就是工作习惯养成的过程和规律。培养简单工作的习惯也要遵循这个工作习惯养成的规律。认知简单工作习惯的方法，一是要领悟简单工作的价值。对简单工作的价值领悟越深，越有利于认知简单工作习惯。二是要相信简单工作的力量。相信具有无穷的力量，只有相信简单工作的力量，才能认知简单工作习惯。

2. 践行简单工作习惯

宋代诗人陆游诗云："纸上得来终觉浅，绝知此事要躬行。"认知简单工作习惯是培养简单工作习惯的前提条件，而践行简单工作习惯是养成简单的工作习惯的关键。行动胜于语言，在培养简单工作习惯领域尤其如此。培养简单工作习惯只有在每年、每月、每周、每天投入简单工作实践中，才能一点点逐渐养成，离开了简单工作实践，是不可能养成简单的工作习惯的。践行简单工作习惯的方法主要是投入实际行动，将简单工作养成习惯，是投入实际行动的结果。没有投入简单工作行动，就不可能养成简单工作习惯。

3. 养成简单工作习惯

认知、躬行简单工作习惯，是为了养成简单工作习惯，工作习惯是员工固化的工作心态、思维和行为的反映，评价员工简单工作习惯是否养成的一个重要标准，就是要考察他们简单工作行为是否已经固化为一种简单工作的习惯。员工一旦养成简单的工作的习惯，那么，复杂工作简单完成，复杂问题简单解决就会成为一种常态，一种自然而然的行为。养成简单的工作习惯需要修炼坚强的意志力。没有坚强的意志力，就很难养成简单的工作习惯。

参考文献

［1］杰克·特劳特，史蒂夫里·夫金．简单的力量——穿越复杂正确做事的管理指南［M］．谢伟山，苑爱冬，译．北京：机械工业出版社，2013.

［2］贾森·里德，戴维·海涅迈尔·汉森．重来——更为简单有效的商业智慧［M］．李瑜偲，译．北京：中信出版社，2010.

［3］戴维·艾伦．搞定Ⅱ——提升工作与生活效率的52项原则［M］．王勇，译．北京：中信出版社，2012.

［4］汪建民．管理越简单越好——史上最强的28个管理法则［M］．北京：北京工业大学出版社，2013.

［5］许孙鑫．管理越简单越有效［M］．北京：北京工业大学出版社，2013.

［6］李践．管理越简单越有效［M］．北京：机械工业出版社，2013.

［7］唐晓龙．简单法则［M］．北京：人民出版社，2007.

后　记

简单工作并不简单

在工作中，我们看似简单的工作，其实一点都不简单。但凡能够将简单工作做好，并做到极致的职场人士，一定是一个睿智的高人或高手。对此，我是深信不疑的。

将复杂工作简单化，复杂问题简单化，并不是不负责任的搪塞，或是看似有理的托词、听之任之的借口，而是对认知的自信、超脱，是预知态势的睿智，是高屋建瓴的大度，是洞察世事的高明。因此，将复杂工作简单完成，将复杂问题简单解决，实在不简单。

简单工作的高手，不会在千头万绪的工作中“眉毛胡子一把抓”，而是通过对工作的“抽丝剥茧”，从纷繁复杂的工作表象背后抓住本质，寻找做好工作的切入点或突破口。正如美国通用电气公司前 CEO 杰克·韦尔奇所说：“作为领导者必须具有表达清楚准确的自信，确信组织中的每一个人都能理解事业的目标。做到组织简化绝非易事，人们往往害怕简化，会担心一旦他们处事简化，会被认为是头脑简单，事实恰恰相反，唯有头脑清醒、意志坚定的人才是最简化的。”把简单变为复杂没有什么了不起，把复杂变为简单，惊人的简单，这就需要优秀的思维力和创造力。

经过半年紧张而又从容的著述，《简单》这部书稿终于和读者见面了，对此，我十分高兴。我向读者交上了自认为满意的答卷。需要指出的是，本书写作时间虽然仅有 6 个月，但它却凝聚了我数十年尊崇、追求和躬行“化繁为简，简单工作”的理论与实践的智慧，这也是我能完成这部书稿的信心和底气之所在。倘若我没有这个信心和底气，无论付出多么大的努力，也是无法完成写作并达到出版目标的。

在我追求职业成长的过程中，曾得到许多贵人的帮助，在此，衷心感谢我国著名人才学家、中国人事科学研究院前院长王通讯对我的指导与培养；感谢《科学学与科学技术管理》杂志前副主编游思怡对我的指导和培养；感谢武汉市人事局前副局长周运理对我的培养与帮助；感谢武汉科学技术发展促进中心主任张政对我的培养与帮助；感谢妻子邵明琴、女儿姚苏娟对我的支持！

本书在撰写过程中，参阅了诸多中外学者研究有关管理简单、提高工作效率等方面的著作，对此，向他们表示衷心的感谢！

本书的撰写得到北京联大文化发展有限公司总经理邓明、市场营销总监赵丽丽的信任和帮助，在此向他们表示衷心感谢！

需要指出的是，对简单，对工作、问题化繁为简的研究，在我国还处于初始阶段，这项研究还远不成熟，优秀的研究成果更是鲜见。本书的出版，仅仅是作者对这一主题研究的一点心得体会。书中如有不妥之处，敬请读者给予批评指正！

姚先桥

2014 年 4 月 10 日第一稿于湖北省武汉市

2014 年 4 月 26 日第二稿于河南省林州市

2014 年 5 月 20 日第三稿于湖北省武汉市

助 力 企 业 成 长

中国财富出版社*
北京联大文化 联合出品

作　者：姚先桥　　　**定　价：**36.00 元

出版社：中国财富出版社

《简单：化繁为简的力量》内容简介

日益精细化的分工，是现代社会的重要特征。面对纷杂繁复的工作环境，每一位职场人都有口难言。然而，化繁为简的工作方法，或者说是理念，是解决复杂工作的一剂良药。让工作简单，不是单纯的简化，而是去芜存菁，厘清轻重缓急，准确定位的先进工作原则。本书作者通过十几年的经验积累与观察，深入浅出地阐述“化繁为简”工作之道的原理及优越性，启发职场人在工作中运用“简单”的智慧解决问题。

作　者：蒋巍巍　石玉峰　　　**定　价：**39.80 元

出版社：中国财富出版社

《总裁变革智慧》内容简介

时代的变化，科技的进步，让原来的市场改变了模样，传统企业生产的产品已经不能满足市场的需求，一些有远见的企业开始利用市场的蜕变，对企业进行变革，使得企业重新找到发展方向，跟随着时代的发展脚步，快速成长。变革已经成为当今企业生存发展的主题。本书作者通过对变革多年的研究和分析，提供了一些变革准备与路径，帮助企业清除变革中的障碍，保证变革顺利进行。

作　者：陈明亮　　　**定　价：**39.80 元

出版社：中国财富出版社

《总裁营销智慧》内容简介

总裁营销能力强弱是企业能否赢利、走向成功的基本条件。“营销是赢利之基，决定着企业能否持续发展。”本书分为何以为“赢”、凭什么“赢”和用什么“赢”三个篇章，对总裁制胜营销做了详细分析，以帮助总裁分析企业营销现状、发现营销问题、选择适合企业的营销策略、避开市场营销中的陷阱，从而成为营销中的大赢家。作者以明确的思路、流畅的语言、严谨的逻辑将总裁在营销中需要注意的要点一一道来。

*注：中国物资出版社已于 2012 年 4 月 1 日起正式使用新社名“中国财富出版社”。

QIYE CHENGZHANGLI SHUJIA

企业成长力书架

助力企业成长

中国财富出版社
北京联大文化　联合出品

作　者：李锋　葛静　　**定　价：**39.80 元

出版社：中国财富出版社

《社群营销》内容简介

本书共分为七章，采用图文并茂的表现方式，从进入社区的方式方法，到营销活动的调查、策划和准备，再到活动的开展、互动，以及最后的活动效果的长期维持，全程为您展现社群营销的方方面面，进行细致入微的介绍。本书还专门展开一章着重介绍了网络社群营销，详细叙述了在网络时代社群营销的新平台、新方式，使您能结合线上及线下，同时铺开营销活动，取得更理想的营销效果。

作　者：孙军正　王乐平

定　价：35.00 元

出版社：中国财富出版社

《文化与人才突破》内容简介

在信息时代的商业竞争中，一家成功的企业不仅需要优秀的产品和强大的品牌作为保障，还需要自身独特的文化烙印；在创新成为主旋律的今天，人才是创新的源泉，企业发展需要一大批优秀的人才。本书围绕文化突破与人才突破两个部分，着重阐述了缔造企业文化的方法，以及如何构建企业现代战略人力资源管理系统，为企业发展提供人才支持。

作　者：孙军正　刘明勇

定　价：35.00 元

出版社：中国财富出版社

《战略与运营突破》内容简介

本书分为战略突破和运营突破两个部分，在战略突破这部分，着重阐述了战略对于现代企业的重要性，以及企业如何才能够获得战略性的成功；在运营突破这部分，着重介绍了5I运营管理机制模式。希望这本书能够帮助企业突破自身的局限性，进入到更广阔的发展空间里。也希望这本书能够帮助个人，突破自我，在企业中获得更多更好的发展机遇。

作　者：曾文

定　价：35.00 元

出版社：中国财富出版社

《像恋爱一样去工作》内容简介

本书从“和工作谈恋爱”的思路出发，为了帮助职场达人更好地建立“和工作谈恋爱”的工作思维，作者给出了明确职场工作意义、全身心投入工作、树立高目标、坚持带来力量、让自己更优秀、不断进行创新等相关方法。全书内容深入浅出，行文严谨而不失幽默，用翔实的案例、准确的逻辑和清晰的语言，为职场人摆脱工作倦怠、打造良好工作氛围设计和规划出一条行得通的道路。

作　者：李锋　葛静　　定　价：39.80 元

出版社：中国财富出版社

《炒店：7 步实现门店网点人流量激增、销量翻番》

内容简介

本书致力于用平实的语言、贴近生活的案例、详细的步骤描述来展现炒店的整体面貌。不去过多地讲解理论，而是注重实际的可操作性、可应用性，尽可能讲述全面具体的执行方案、执行方法，让你阅读完本书后能够策划出一套属于自己的、适合自己店铺的炒店方案。

作　者：陈明亮

定　价：39.80 元

出版社：中国财富出版社

《怎么做，别人才追随》内容简介

追随力是领导力的重要组成部分。追随力看似抽象，无从把握和建立，但是经过仔细地研究和学习，追随力其实也是有迹可循的。本书作者有着丰富的管理实战经验，并长期从事企业领导培训工作。在本书中，作者将从各方面为读者介绍何谓追随力、追随力能够给企业带来的益处、企业家应该从何处着手建立追随力以及建立追随力时应该注意到的一些问题，希望能够为各位企业家排忧解难。

作　者：周子人

定　价：35.00 元

出版社：中国财富出版社

《管理者自我修炼》内容简介

管理才能不是天生的，需要不断地在工作中磨炼。优秀的管理者应该可以驾驭任何的员工，因此，管理者应该从自身出发，找出自己的不足之处，不断修炼自己，提升自己的领导力。本书为管理者解读管理工作的真谛，助力管理者自我修炼。

作　者：杨平

定　价：35.00 元

出版社：中国财富出版社

《领导角色与艺术》内容简介

本书针对现实中领导者的角色“错位现象”，分析了领导者为什么要进行角色管理、如何成功实现领导角色的转变，以及如何成为一名成功的领导者等问题，并总结了领导者的七大角色，为领导者进行角色管理提供参考。通过阅读本书，相信广大领导者可以更好地认识自己，知道身为领导者应该做什么、怎么做，从而更好地扮演自己的领导角色。

QIYE CHENGZHANGLI SHUJIA
企业成长力书架
助力企业成长

中国财富出版社
北京联大文化
联合出品

作　者：吴群学　　**定　价：**35.00 元
出版社：中国财富出版社

《管理就这几招》（第二版）内容简介

本书第一版在持续两年的热销之后，作者吸取了很多专家的建议和企业一线的管理经验，隆重推出了第二版。全书在第一版角色管理、目标管理、团队管理和自我管理的主体框架不变的基础上，对部分管理经验和方法进行了补充和完善，使之更贴近企业实际，更顺应时代赋予管理的各项职能，简单实用。

作　者：吴东
定　价：32.00 元
出版社：中国财富出版社

《九型人格与卓越销售力》内容简介

本书依据“九型人格”理论，将销售人员遇到的顾客分为九种不同的类型，通过探讨每种类型顾客各自的优势和弱势，分析他们在购买商品与谈判中的“心理弱点”。最终，教会销售人员如何牢牢抓住顾客的心理弱点、掌握他们的思维方式、学会与他们的对话技巧，以此提高销售技能，卖出更多的产品。

作　者：高乃龙
定　价：32.00 元
出版社：中国财富出版社

《夹缝中的利润：小微企业的生存赢利之道》内容简介

和世界 500 强相比，中国企业是小微企业；和中国 500 强相比，中小企业是小微企业。我国的小微企业是解决就业问题的主要力量，但小微企业的发展却面临困难。本书是帮助小微企业突破自身困境的第一本实战书籍，书中结合企业案例现身说法，通过独到的分析、有效的定位和精准的策略，最终帮助小微企业实现可持续发展。

作　者：高子馨
定　价：32.00 元
出版社：中国财富出版社

《形象决定身价：职场人全方位获得成功的 6 个魔法》

内容简介

你一定羡慕过那些商界、政界精英们翩翩的风度；你一定渴望着在别人面前表现得潇洒自如。个人形象是个人竞争的软实力，纵然你有很高的学历，纵然你经验丰富，如果没有良好的个人形象，你也很难取得成功。本书从什么是个人形象出发，通过生动形象的事例论述，专业权威的建议提示，帮助你一步步提升个人形象和气质。相信你能够在书中找到你尚未成功的原因，也能够找到通向成功的捷径。

QIYE CHENGZHANGLI SHUJIA
企业成长力书架
助力企业成长

中国财富出版社
北京联大文化 联合出品

作　者：张友源　　**定　价：**29.80 元

出版社：中国财富出版社

《左脑情绪管理　右脑压力管理》内容简介

大脑是人体的中枢，人生所追求的工作幸福、生活幸福，其实都隐藏在人类的大脑中。本书的独到之处在于提出了人类大脑的功能分区问题，主张每一个人都应该科学地使用好自己的左右脑，以使自己生活得幸福，在工作中享受到幸福感。作者认为，人类的左脑控制着情绪，而右脑则控制着对压力的感受，当左右脑彼此结合起来使用或交替使用时，就可感受到幸福，由此而揭示了幸福的神秘密码。

作　者：杨长征

定　价：35.00 元

出版社：中国财富出版社

《领导三斧半：100% 实现目标的领导智慧》内容简介

什么样的领导才能带领团队走向成功？如何做才能称得上是“优秀领导”？本书从古代名将——程咬金的“三板斧”入手，通过形象的语言、生动的案例及清晰的分析，将领导者的工作智慧总结为“领导三斧半”：瞄、抡、砍、变。灵活运用“领导三斧半”，打造名副其实的“优秀领导者”！

作　者：郝枝林　刘飞

定　价：39.80 元

出版社：中国财富出版社

《渠道为王：找对渠道做销售》内容简介

渠道就是市场，占领渠道就是占领市场。本书从 IBM、DELL 等品牌的实际案例入手，揭示了渠道在市场营销过程中的重要意义。通过渠道理论与实践充分结合，指导实际的销售活动，是一本全面解读渠道战略的实战宝典。

作　者：陈星全

定　价：32.00 元

出版社：中国财富出版社

《谈判攻略：销售这样谈最有效》内容简介

本书是一本结合销售实践和谈判技巧的实用工具书，对销售谈判人员在谈判过程中的不同阶段、消费者的不同心理，以及谈判者应该怎么去面对客户等方面都作了详细的介绍，内容通俗易懂，栏目设置精彩纷呈，可以帮助销售人员从根本上理解销售的本质，提升自我销售境界，对销售谈判人员的工作具有指导作用。

QIYE CHENGZHANGLI SHUJIA
企业成长力书架
助力企业成长

中国财富出版社
北京联大文化　联合出品

作　者： 潘永德　　**定　价：** 26.00 元
出版社： 中国财富出版社

《藏在口中的财富》内容简介

好的口才有着不可估量的价值，是每个人都需要的生存技能，从工作中的求职升迁，到生活中的恋爱婚姻，从人际交往中的说话办事，到事业中的营销谈判，事事离不开口才。

好的口才能使你受益一生，本书正是一本实用口才技巧训练手册，从改善说话声音、表情动作、表达策略等方面重新训练你的口才能力，同时针对生活中与你关系最密切的说话场合，教授你最实用的口才技巧，让你突破语言的障碍，轻松应对各种语言场合！

作　者： 龚光鹤
定　价： 35.00 元
出版社： 中国物资出版社

《领导应该这样当》内容简介

领导是一种经验，领导是一种智慧。本书凝结作者投资大脑近百万的学习精华，巧妙地结合了现代企业快速发展的案例，综合分析了团队建设、投资技巧、建立人脉等领导技能的最新进展，分享了成为优秀领导者的秘诀。通过理论与实践充分结合，将本书打造成提高领导力的终极法则。

作　者： 匡晔
定　价： 32.00 元
出版社： 中国物资出版社

《这样销售最高效》内容简介

销售工作可谓“成也在人，败也在人”，而这个“人”就是销售人员。销售人员是市场销售战略的“先知者”，不仅带领着企业拨开销售的层层迷雾，更为重要的是能够发现销售的真谛。本书把销售实战和理论联系起来，使销售人员能够在赢得客户的过程中充分理解销售理论，从而积累深厚的理论素养，指导实际的销售工作。

作　者： 朱广力
定　价： 32.00 元
出版社： 中国物资出版社

《金牌销售不可不知的 9 大沟通术》内容简介

你是否为自己满腔热情的介绍，客户却无动于衷而烦恼？你是否为自己坚持不懈的努力，产品却无人问津而神伤？你是否为自己勤勤恳恳地工作，业绩却无法攀升而无措？金牌销售的成功战术究竟为何？本书通过分析 9 大沟通战术，结合具体的案例，揭示了成为一名金牌销售的秘密所在。

QIYE CHENGZHANGLI SHUJIA
企业成长力书架
助力企业成长

中国财富出版社
北京联大文化
联合出品

作　者：吴群学　　**定　价：**32.00 元

出版社：中国物资出版社

《学规则　融团队》内容简介

当你进入一个团队，而自己又不能改变团队的规则，学习和适应规则就成为你进入团队的必修课。记住：学习规则，融入团队，你才能快速地进入职场人的角色。

团队内部的一切问题都来源于规则问题。认识规则、把握规则、利用规则，最终同规则融为一体，才能在职场生存并不断前进。本书将告诉你 80 后、90 后职场人快速成长的法则！

职场就是：学规则、用规则、造规则！团队就是：先融入、再切入、后深入！

作　者：蒋巍巍

定　价：32.00 元

出版社：中国物资出版社

《左右逢源：职场人际关系的 9 堂课》内容简介

在职场上，你是否会担心孤立无援？是否会羡慕那些在人际关系上有特别天赋的人？是否希望为自己赢来良好的人际关系？职场成功又该如何界定？本书从职场里的一个个鲜活案例入手，生动地展示了职场中的沟通技巧，让你学会在职场中左右逢源，用人际打开晋升之门。

作　者：于飞

定　价：35.00 元

出版社：中国物资出版社

《向大客户要业绩》内容简介

抓住大客户，就抓住了大订单，抓住了高业绩，抓住了职场前景。所以，抓住大客户是每个销售人员的目标。然而要如何抓住大客户呢？这就是本书的价值所在。应对大客户的方方面面都需要更巧妙的技巧和方法，本书从 20/80 法则入手，帮助销售人员降低在销售工作中的成本投入，并提高能效产出，让销售人员掌握搞定大客户的技巧，在最短的时间拿下最大的订单。

作　者：马斐

定　价：32.00 元

出版社：中国物资出版社

《口碑载道：无本万利的营销方式》内容简介

对于所有企业的市场营销人员或是管理者来说，关注品牌形象和品牌发展，不如先好好了解一下如何做好口碑，这里面的门道究竟几何。本书从各大品牌口碑营销的经典案例着手，透析各家口碑营销之道，从中总结经验和技巧，提示企业市场营销人员及管理者，口碑营销是一门科学，必须认真学习和把握。

作　者： 袁一峰　　　**定　价：** 32.00 元

出版社： 中国物资出版社

《卓越从敬业开始》内容简介

爱一行才能干一行，专一行才能精一行。懂得敬业的人生是充实、美丽而快乐的，也唯有如此，才能真正脚踏实地、一步步走向卓越，成为一名卓有成效的员工。本书的出发点就在于让长期停滞不前的职场人士迅速找到桎梏自己职场步伐的原因；牢牢把握鞭策自己敬业而需掌握的心理；轻松学会被细化的、实践性极强的敬业“守则”，最终达到成就卓越的目的。

作　者： 吴群学

定　价： 32.00 元

出版社： 中国物资出版社

《管理就这几招》内容简介

管理说难也难，说简单也简单。本书告诉你，只要掌握 4 招，就能将管理化繁为简，轻松搞定各种企业的各种管理难题。全书以“理论 + 实践”的板块构造为你呈现了企业管理者这一特殊角色所应该具备的各种能力、工作方法和技巧。因此，这是一本现代管理领域的实用之作。

作　者： 王占坡

定　价： 32.00 元

出版社： 中国物资出版社

《万金一线牵》内容简介

与客户打着电话开怀畅谈，没有紧张的开场白，没有局促的自我介绍，气氛和谐又温馨，订单随着电话的结束而落下了成功的定音……这就是电话销售。可能吗？请你不要怀疑这样的场景，因为它真实地发生在我们身边。怎么办到呢？秘诀就在你手中的这本书中。

作　者： 马斐

定　价： 32.00 元

出版社： 中国物资出版社

《赢在谈判》内容简介

我们现在所生活的时代是一个随时随地都可能需要谈判的时代，特别是销售人员更是需要用日复一日的谈判来为自己赢得订单、提高业绩、提高收入、表现能力，令上级刮目相看，得到晋升的机会。本书就是力求让每一位“力拼业绩”、想要在工作中扶摇直上的有志之士可以成为谈判高手，为自己、为公司争取更多的利益。因此，本书是你谈判桌上一本智囊宝典。

QIYE CHENGZHANGLI SHUJIA
企业成长力书架
助力企业成长

中国财富出版社
北京联大文化 联合出品

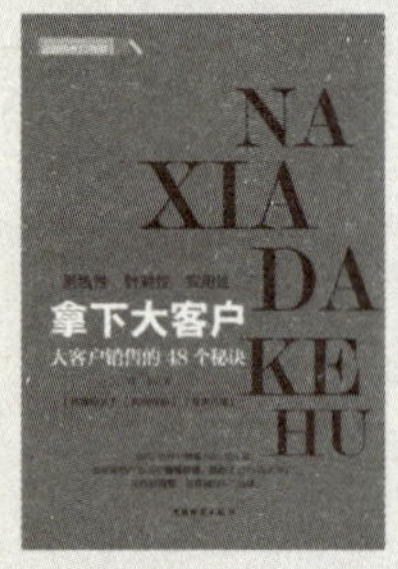

作　者：马斐　　**定　价：**32.00 元
出版社：中国物资出版社

《拿下大客户》内容简介

企业的大多数利润是靠 20% 的大客户来赚取的。一个企业要发展，就需要有相当的利润作支持，而大客户是企业的利润源泉，生存和发展的助推器。如何获得大客户的签单？如何有效应对大客户的各种要求与质疑？请你不要着急，因为你手里的这本书已经为你考虑到了，并提出了相应的解决方案供你参考。

作　者：覃曦
定　价：32.00 元
出版社：中国物资出版社

《服务制胜》内容简介

服务是一个长期工程，不能掉以轻心，也不能因循守旧，我们必须时时刻刻为客户着想，发自内心地为客户服务，真诚地为客户解决问题，注意细节，勇于创新，给客户提供最周到的服务。

本书分节介绍了各种服务法则，详细地帮助你解决服务过程的种种困扰，让你学会怎样达到客户的要求。

作　者：向成学
定　价：32.00 元
出版社：中国物资出版社

《成交从异议开始》内容简介

本书专门针对客户常提出的各式各样的异议提供有效处理的策略与方法。书中列举了大量的销售案例，并大多以情景模式展开，目的便是更好地通过情景模拟来诠释异议处理的策略精髓。如果你还在为客户所提出的各式各样，甚至是千奇百怪的异议、意见、问题而感到头疼，或者说备受困扰，迫切地想要找到解决方法，那么，本书将为你结束困扰。

作　者：曾展乐
定　价：32.00 元
出版社：中国物资出版社

《成交赢在心态》内容简介

心态是一个人一切言行的控制按钮，这个按钮决定着你生活中的一切。你的心有多高，你就能飞多高。只要拥有自己坚定的信念，不管在什么时候也不会被挫折打倒，你不再是一个弱者，而是一个能够改变自己生活的强者。

让你一步步改变自己的生活，让你成为销售中的强者，看本书怎样为你解答，相信你的选择，一定不会让你失望的。

作　者：张野　　定　价：32.00 元
出版社：中国物资出版社

《成交无限》内容简介

销售员在与客户沟通的过程中，80% 的客户或多或少会感到一些反感，这些反感有时会以某种形式表现出来，有时也会隐藏在客户的心里，成为与客户沟通过程中的最大屏障。那么，是什么原因引起的这种情况呢？面对这种情况该怎么处理呢？相信这本书的 55 个技巧对于需要与客户沟通的人将会非常有用，它对于我们与客户将是一个全新的桥梁。

作　者：姜登波　李华
定　价：32.00 元
出版社：中国物资出版社

《赢在管理》内容简介

本书通过对企业管理深入地剖析、分解，找出企业管理误区，并针对企业管理容易疏漏的地方进行填补，是每个企业管理人员手中的指南针，能够帮助迷途创业的人员找到扎营的地点。书内所阐述的问题新锐、真实，解决方法快速、简便，是现代企业领导者所不能缺少的良师益友，能够教导企业领导者如何做“泥菩萨过河，有招可取”的智人。

作　者：文征
定　价：28.00 元
出版社：中国物资出版社

《做世界上最优秀的员工》内容简介

世界 500 强企业集聚了世界上最优秀的人才。你想成为世界 500 强企业中的一员吗？你想知道世界 500 强企业最欢迎什么样的员工吗？你想知道为什么有的员工能够进入世界 500 强企业，甚至会经常受到众多世界 500 强企业的高薪聘请吗？那么，请看本书为您提供的这 7 种工作习惯，它将为您搭建登上世界 500 强这一豪华巨轮的台阶。

作　者：邹金宏
定　价：32.00 元
出版社：中国物资出版社

《麦当劳成功的启示》内容简介

麦当劳是世界 500 强企业之一，有超过一百万的员工，已经在全球 121 个国家设有超过 31000 家快餐店。麦当劳是一个企业，也是一个王国，一个跨区域的王国。是什么原因让麦当劳如此庞大？如此成功？如此奇迹？它到底运用了什么方法？ 本书通过最真实的笔触，为你提供很多麦当劳成功的智慧和秘诀，使你从中获得有益的知识、借鉴和启发。

作　者：周锡冰　　**定　价：**18.00 元

出版社：中国物资出版社

《新员工要懂得的处世心理学》内容简介

新员工大多是在狂涛骇浪里的职场小人物，想要在如今环境糟糕、恶劣的职场上平步青云、如鱼得水，就必须懂得职场的潜规则。本书以大量案例生动地介绍了新员工必须研修的 25 堂职场课程。然而，本书的目的不是描写 25 个职场潜规则，而是为新员工开辟一个顺利的职场人生。

作　者：李华

定　价：35.00 元

出版社：中国物资出版社

《三分管理　七分领导》内容简介

企业的高度不是来源于管理，也不是来源于高效的执行力，而是来源于领导。卓越的领导，决定着企业无限的发展潜力。

21 世纪的领导力不仅仅是领导的方法和技能，也不仅仅适用于领导者，它是我们每个人都应该具备或实践的一种优雅而精妙的艺术。如果你想摆脱刻板的管理者形象，成为一个形象鲜活、拥有更多追随者的魅力领导，请你将本书作为你的智囊宝典。

作　者：李华

定　价：32.00 元

出版社：中国物资出版社

《三分策略　七分执行》内容简介

市场上琳琅满目的执行力图书常销不衰，再一次印证了执行力的课题引起了企业主和从业人员的高度关注，甚至可以说，一个企业是否高效，取决于企业团队执行力的强弱。

如果你是一个企业的中层管理者，而且想提高执行力这一决定职场成败最核心的技能，同时，在不断追求卓越，有加薪升职的愿景，那么，请你阅读本书的观点并实践相应的技能。

作　者：李华

定　价：29.80 元

出版社：中国物资出版社

《三分管人　七分选人》内容简介

从某种意义上来说，企业的竞争就是人才的竞争。作为企业“伯乐”的人力资源经理，如何为企业招聘到像“千里马”般优秀的员工，为企业不断发展适时提供有效的人力资源，已经成为衡量一个人力资源经理是否优秀的核心标准。

本书是专为人力资源经理量身打造的图书，通过学习本书介绍的经验和技巧，你会熟悉并掌握所有管人、选人的全部流程和方法。

QIYE CHENGZHANGLI SHUJIA
企业成长力书架
助 力 企 业 成 长

中国财富出版社
北京联大文化 联合出品

作　者：王一恒　　**定　价：**29.80 元

出版社：中国物资出版社

《这样沟通最有效》内容简介

在与人沟通时，需多留心一下沟通技巧。对于管理者来说，掌握全方位沟通技巧就成了必修课。

本书通过轻松幽默的语言、丰富的故事，将沟通能力细化为 13 个方面，提供了一整套即学即用的管理沟通技巧。全书包括表达、倾听、反馈、批评、赞扬、说服、处理冲突、不同场合、不同对象、不同渠道等沟通技巧，教你如何选择恰当的沟通渠道和沟通方法，怎样依据沟通对象的性格类型选择沟通策略。

本书提供的全方位沟通技巧，既能让你与不同性格的下属进行有效沟通，又能确保你沟通的高效。

作　者：管永胜

定　价：42.00 元

出版社：中国物资出版社

《网络营销的 6 个关键策略》内容简介

本书作者曾任紫博蓝大客户总监，慧聪网产品总监，网罗天下广告媒介总监，《宠物世界》杂志社运营总监。

众所周知，网络已经渗透到我们工作、生活的方方面面，所以无论你作为一个企业主或从事营销相关的工作者，如果不懂得网络营销，我可以很肯定地告诉你：你失去的将是一个时代！基于此，管永胜通过十多年从事网络营销的经验和潜心研究，提出了从“网络营销”到“网络赢销”的新模式——AISCAS 模式！这一模式的提出将为你实现“网络赢销”提供新的启示。

作　者：吴永生

定　价：26.00 元

出版社：中国物资出版社

《这样授权最有效》内容简介

只有授权，才能让权力随着责任者；只有权、责对应，才能保证责任者有效地实现目标。授权不仅能调动下属积极性，也是提高下属能力的途径。

管理者一定要明白：自己的双眼永远要比双手做的事多。

本书立足于中国人思维模式，汲取西方之精华，注重实操性，让管理者即学即用。

作　者：李金玉

定　价：36.00 元

出版社：中国物资出版社

《激活你的团队》内容简介

员工激励是企业的永恒话题，更是企业长盛不衰的法宝。激励的技巧像一团云雾，很难掌握。同一个人，以同样的语速，对不同的人说同样的话，产生的影响可能是不同的。本书中，我们从 14 个方面对激励的技巧进行了全面的剖析，并且针对不同的人和企业设计了个性化的激励方案，希望能通过这些激励的技巧给企业的管理者一些启示。